AF391025

Le siege de Mets, en
l'an M.D.LII.

A PARIS,

Chez Charles Estienne, Imprimeur du Roy.

M. D. LIII.

Par priuilege dudict Seigneur.

Au Roy.

SIRE, les hommes vertueux qui trauaillent en vo-
stre seruice, oultre les bienffaicts qu'ils peuuent esperer de vostre liberalité, attendent encores ceste recópense, que le tesmoi-
gnage de leurs faicts soit rédu tel, qu'ils puissent estre estimez
entre voz aultres subiects, & iouyr toute leur vie de l'hóneur
qui leur demeure de vous auoir bien serui, laissants apres la
mort leur nom perpetuel a la posterité. Dont il aduient que si
de leur viuãt on leur fait gouster le fruict & doulceur de ceste
gloire, ils s'estiment nó seulemét estre bien remunerez, & pour
la pluspart satisfaicts de ce qu'ils ont merité, mais sont encores par la incitez a continuer vostre seruice en tout ce qui
peut toucher le bien de voz affaires, mesmes ceulx qui sont
de cueur semblable, & aussi les successeurs (esquels l'exemple en appartient comme par heritage) entrent plus franchemét
aux perils que ceulx ci ont passé, soubs l'esperãce d'acquerir
vne semblable gloire que leurs maieurs ont rapporté. A ceste
cause, Sire, i'ay proposé d'autant plus volontiers mettre par
escript ce qu'est aduenu au dernier siege de Mets, & reduire
de iour en autre ce que i'y ay peu veoir & apprendre soubs
Monsieur de Biron, vn de voz Capitaines, diligent enquereur
& soigneux obseruateur de la verité. En quoy si ie ne peux
bien dire tout ce qu'il conuiendroit du grand chef vostre Lieutenant, & tant d'aultres vaillants Princes, Seigneurs, gentils
hommes & gens de guerre qui estoyent en la place, a tout le
moins ie feray tout ce qu'est en moy, de leur rendre le tesmoi-
gnage d'honneur deu a leur vertu : & peut estre exciteray
la volonté a plusieurs aultres de suyure le chemin qu'ils ont
tenu, n'espargnants leur vie en ces actes vertueux & loua-

bles, qui pour estre dediez a vostre seruice, rendent grand honneur en la vie, & laissent vne bien heureuse memoire a ceulx qui viennent apres.

Sire, ie supplie a Dieu, qu'il vous doint en toute prosperité & santé, treslongue vie. De Paris le x v. de May, 1553.

Vostre treshumble & tresobeissant subiect
& seruiteur B. de Salignac.

Le plant de la ville de Mets, selon sa vraye proportion.

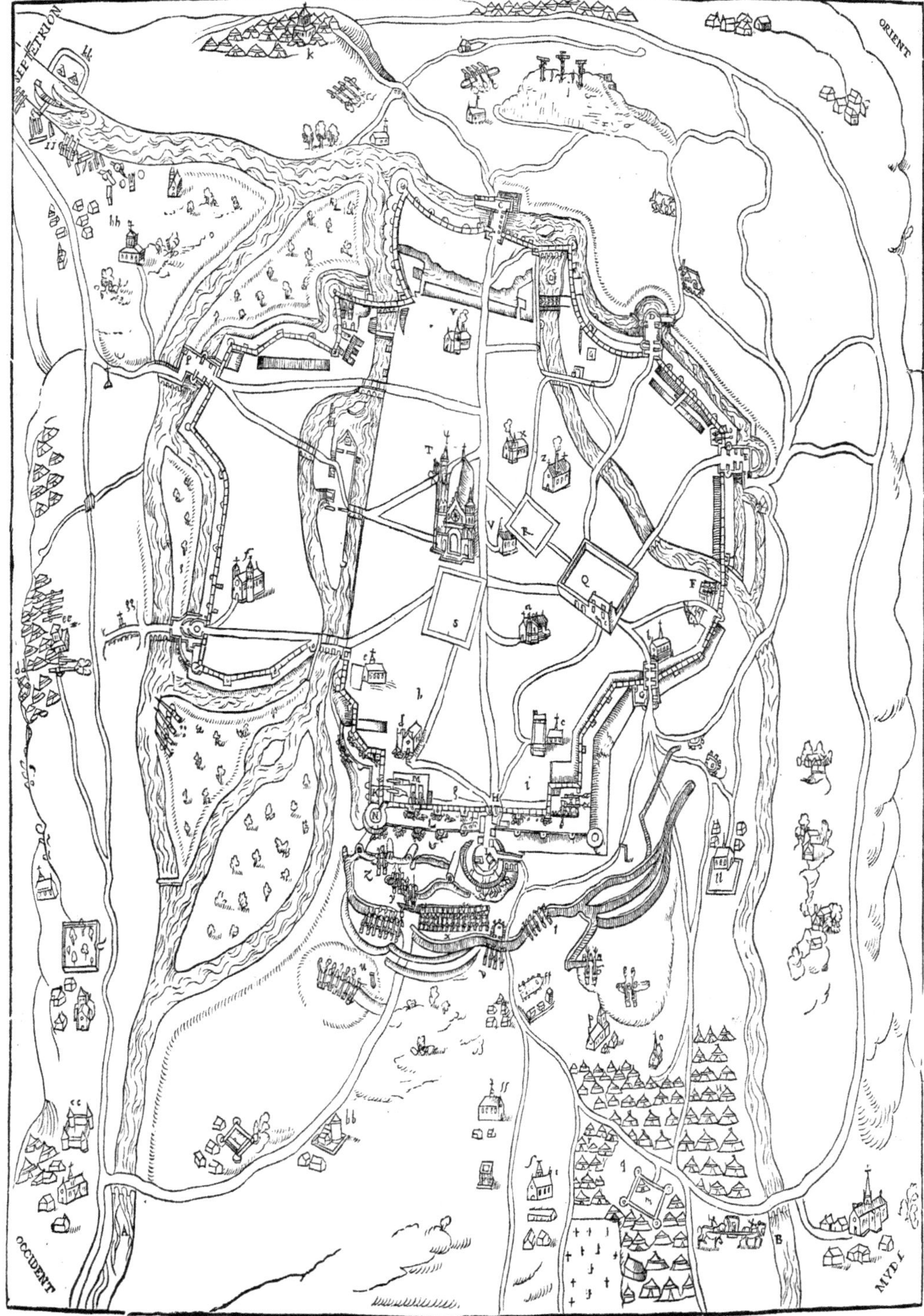

Le siege de Mets, en l'an M. D. L I I.

PRES que le Roy fut de retour des quartiers d'Ale-maigne qui font deça le Rhin, ou il auoit marchié auec vne groffe armee, es moys d'Apuril, May, & Iuing, mil cinq cens cin-quante deux, pour refta-blir la liberté de la Germa-nie, & fauorifer le Duc de Saxe, Maurice, celuy de Meckelbourg, & autres princes de l'Empire fes alliez, qui eftoyent en armes contre l'Empereur Charles cinquiefme:tant pour le regard de leurs franchifes, que pour la deliuráce des Duc de Saxe & Lanfgraue de Heffen prifonniers: Et que le Roy, en retournant eut executé plufieurs en-treprinfes au duché de Luxébourg, & pays de Hay-nault:Et ce faict, rompu fon camp, & feparé fon ar-mee pour prendre quelque loifir de fe rafrefchir: Nouuelles vindrẽt, fur la fin de Iuillet, que l'Empe-reur feftant recócilié auec le Duc Maurice, & ayant retiré a foy la plus part des forces qu'il auoit, faifoit

A.iii.

encores en Alemaigne gráde leuee de gẽs de guerre, qu'on ne pouuoit bonnement iuger, s'il vouloit
employer du cofté de Hongrie (au fecours du Roy
des Romains fon frere, qui eftoit fort trauaillé des
Turcs) ou bien conuertir fes forces a faire defcente
en France. Tant y a, que le Roy, defirant en toutes
fortes pouruoir a la feureté de fes frontieres, pour
fouftenir les premiers efforts, que pourroit faire fon
ennemy, pendant qu'il raffembleroit fon armee,
penfa de plus pres au faict de la ville de Mets.   Sur
quoy conuient entendre, qu'au voyage deffus men-
tionné, le Roy, a la grande requefte de l'Euefque, có-
fentement des habitants d'icelle, & accord des princes de l'Empire eftants lors en ligue auecques luy,
l'auoit mife en fa protection : & y auoit laiffé pour
gouuerneur, le Seigneur de Gounor, gentilhomme
de fa chábre, auec quelque nombre de gẽs de guerre : Et defia auoit on commencé de befongner a la
fortification, mefmement en l'endroit ou lon retrá-
choit la ville, en y faifant deux bouleuars, & tirant
entre deux vne courtine, depuis les moulins de la
baffe Seille, iufques a la grande muraille qui regarde
la Mozelle, au deuát l'eglife des freres Baudez Cordeliers. Et auffi continué la plateforme de la porte
des Rats, dont ceulx de la ville auoyent auparauant
faict vn deffeing. Mais tous ces ouurages n'eftoyent
gueres aduancez, pour le peu de gens qu'on y employoit, a caufe que lon n'eftimoit le danger eftre fi
prochain, que bien toft apres apparut.

Or, l'Empereur auoit par diuerſes praticques
moyenné & obtenu, qu'aucuns des eſtats de l'Empire,& meſmement des villes franches, luy fourni-
royḗt vn bon nombre de gens de guerre, pour employer au recouurement de Mets, qu'il diſoit eſtre
occupé par force. Et de faiçt, ſoubs couleur de pro-
curer le bien de l'Empire, on luy voyoit tourner ſes
deſſeings, pour rauoir ceſte place : congnoiſſant de
quelle importance elle luy eſtoit, ayant eſgard a ſon
duché de Luxembourg, & pays bas. Et iugeoit bien
eſtre neceſſaire, qu'il fiſt derniere preuue de tout ce
qui eſtoit en ſa puiſſance, pour la remettre entre ſes
mains. De quoy le Roy eſtãt aduerty,& voulant luy
en oſter le moyen,a fin qu'il ne ſ'en peuſt ayder,cõ-
me il auoit auparauant touſiours faiçt, en toutes les
armees qu'auoit dreſſé contre le Royaulme : delibera de la garder, tant pour eſtre choſe conuenable
a ſa grandeur, de conſeruer ceulx qu'il auoit mis en
ſa protection : comme auſſi fort requiſe au bien de
ſes affaires,& au beſoing qui ſe preſentoit, d'arreſter
par ce moyen la puiſſance de ſon ennemy,qui eſtoit
lors autant grande, que de prince qui print oncques
les armes contre la France.   A tãt, pour y pouruoir
de perſonnage qui fuſt,non ſeulement pour le nom
& dignité de ſa maiſon aiſeement obey, mais auſſi
pour ſa prudḗce & bóne conduitte ſuffiſant a ſoub-
ſtenir les efforts d'un Empereur ſi puiſſant : Le Roy
feit election de Mõſeigneur le Duc de Guyſe, Meſ-
ſire François de Lorraine, Pair & grãd Chambrelan
de Frãce, pour y eſtre ſon Lieutenãt general,& don-

ner ordre a tout ce qui seroit requis pour la garde &
defence de la ville.

A O V S T M. D. L I I.

A ceste cause, Mōsieur de Guyse partit de la court,
sur le commencement du moys d'Aoust, & passa
pres de Thoul, ville de sa charge, remise en mesme
temps, & par mesmes causes que Mets, soubs la protection du Roy, ou pour lors la peste estoit fort es-
chauffee: Mais nonobstant le danger il entra dans la
ville, pour visiter les reparations qu'on y auoit com-
mencees. Et trouua qu'a cause de la mortalité, & de
la maladie du Seigneur de Sclauolles gouuerneur
de la ville, on y auoit bien peu aduancé. Il y mit le
meilleur ordre, qu'en telle saison estoit possible : Et
de là s'en vint a Mets, ayant en sa compagnie Monsieur le Marquis d'Albeuf son ieune frere, le Conte
de la Rochefoucaud, le Seigneur de Rendan freres,
& le Seigneur de Biron gentilshommes de la chambre du Roy qui l'estoyent venu trouuer en chemin,
& plusieurs autres de sa maison. De quoy estans aduertiz, Monsieur le Duc de Nemours, les Seigneurs
de Gounor, Vidame de Chartres, de Martigues, & au
tres Seigneurs & Capitaines, qui estoyent dans la
ville, sortirent au deuant, auec les compagnies de
gens de cheual & de gens de pied, pour le recueillir
en la sorte, que sa grandeur & le lieu, qu'il venoit tenir, le requeroyent.

Des le lendemain, dixhuictiesme du moys, il com
mença dispēser si iustement le temps au faict ordinaire de sa charge, que tant d'yeux qui ont tousiours

eu le regard fur luy iufques a la fin du fiege, n'ont
veu qu'il ait mis en efpargne vne feule heure, pour
la donner a fon plaifir particulier. Comme, a la verité, le befoing fi grand & fi prefent requeroit bien
qu'on vfaft de cefte extreme diligence : Car la ville
ainfi gráde qu'elle eft, comme de huiɕt a neuf mille pas de tour, n'eftoit forte en endroit qu'elle euft,
n'ayát vn feul pied de rampar en toute la muraille,
n'y efpace pour y en faire, d'autant que le tout eftoit
entieremét occupé de maifonnages, d'eglifes, & autres grands baftiments, fans qu'il y euft aucune plate
forme en eftat, fors celle qu'on appelle de fainɕte
Marie, ny aucun bouleuart, que celuy de la porte de
Champaigne, qui eft rond & d'ancienne ftruɕture,
& peu cómode pour f'en feruir : oultre ce, eftoit mal
foffoyee en la plus part, & mal fláquee par tout : & au
demourant aifee a battre en plufieurs lieux, & veue
prefque par tout le dedans, & par courtine des mó-
taignes voifines, ainfi qu'il fe peult clairement veoir
par le plant cy apres propofé.

Quatre ou cinq iours apres la venue de Monfieur
de Guyfe, arriuà le Seigneur Pierre Strozzi cheualier
de l'ordre, perfonnage de grande fuffifance, & que
Monfieur de Guyfe auoit demandé au Roy, con-
gnoiffant fa vertu, experience & bon confeil es chofes d'importance : auec lequel, & les Seigneurs de
Gounor, de Sainɕt Remy & Camille Marin, fort experts & entéduz en faiɕt de fortifications, il vifita diligemment tous les endroiɕts de la ville, & ayant re-
congneu les defaulx & foibleffes qu'auõs diɕt, com-

B.i.

mencerent a faire deſſeing de platesformes, rãpars, trãchees, flancs, & autres defenſes, qu'ils y congneurent eſtre neceſſaires. Mais la difficulté eſtoit de recouurer nombre ſuffiſant de piõniers, pour fournir tous les endroits, ou il falloit mettre la main, a cauſe que la ſaiſon de meſtiues ou nous eſtions, & les vendãges qui ſ'approchoyent, auoyent tiré aux champs la plus part des hommes de trauail, eſtant ſeulemẽt demourez quelques pauures femmes & petits garçons a la ville. Neantmoins l'ordre y fut donné ſi bon, que du premier iour les plus preſſees & neceſſaires fortifications furent pourſuyuies, comme le haulſemẽt de la courtine, & deux bouleuarts du retranchement, dont cy deſſus eſt faict mention, afin d'eſtre a couuert de la montaigne d'Ezirmõt, ou autrement de la belle croix, qui voyoit iuſques au pied par le dedans, ou lon craignoit que l'ennemy deuſt faire ſon premier effort. Lon beſongna auſſi en toute diligence a la plateforme de la porte a Mezelle, pour battre depuis la porte des Alemãs, iuſques vers Sainct Pierre des chãps, & de meſmes a la plateforme de la faulſebraye, derriere l'encoingneure de Saincte Glocine, que ceulx de la ville auoyent au parauant commencee, pour battre vers Sainct Clement & Sainct Pierre, & ſeruir de flanc le long de la muraille, vers la porte Sainct Thibaud : pareillemẽt a la plateforme des Rats, pour defendre du coſté de l'iſle. A quoy furent departies toutes les centeines & nõbre de piõniers dõt on peut finer : & fut dõné charge aux gens de pied ſoldats, d'abbattre les plus empefchãs edifices qui nuifoyét a cõduire la befongne.

Il reftoit encores, le quartier qui prend vis a vis du retranchement iufques a la porte des Alemans, lieu fort fufpect, & lequel Monfieur de Guyfe eftimoit debuoir eftre promptemét ramparé, aduifant pour le mieulx d'en fortifier la faulfebraye, affez ample & large pour mettre nombre de gens a la defendre, eftant fauorifee d'un bon & grand foffé, fans dõner ceft aduantage a l'ennemy de la pouuoir gaigner. Mais pour ne deffournir les autres atteliers, & auffi pour dõner exemple, luymefmes entreprint l'oeuure auec les Princes Seigneurs & gentilshommes, qu'il auoit en fa compagnie, portant quelques heures du iour la hotte: & monftrant eftre bien conuenable a vn chef, de fouftenir au befoing le trauail & la fueur en fa perfonne, cõme la vigilãce en l'efprit.

Il voulut auffi fcauoir quelles munitions de guerre pouuoyent eftre en la ville, & trouua qu'il y auoit bien peu de groffe artillerie, & mefmes que la fonte d'icelle auoit efté cõduitte par homme non expert, ayant laiffé la matiere mal alloyee, & fans obferuer les mefures : dont quelques pieces eftoyent defia gaftees: les pouldres quafi toutes vieilles de trente & quarante ans, en moindre quantité qu'il ne fuffifoit pour l'execution qui eftoit conuenable faire, aduenant quelque grand force: Et fe feit bailler l'eftat du tout par le Seigneur d'Ortobie, commiffaire ordinaire de l'artillerie, lequel le Roy auoit laiffé en la ville depuis le moys d'Apuril qu'il y paffa. Et oultre ceft eftat, il trouua encores quelques milliers

B.ii.

de Salpeſtre au Magazin : pour lequel employer, il mit ordre, que pluſieurs moulins a pouldre fuſſent dreſſez.

Quãt au faict des viures, pource qu'il n'y auoit en la munitiõ, que deux mil huict cẽs a trois mil quartes de bled, & que d'en faire amaz, la choſe eſtoit encores mal aiſee, a cauſe que les laboureurs du pays n'auoyent de couſtume battre leurs grains en eſté, ſinon a la meſure qu'ils en auoyent a faire pour leur viure, ſemer, ou payer leur redeuances : Il luy fut beſoing faire pluſieurs & diuerſes ordonnãces pour y pourueoir. Et du commencemẽt feit venir les quarteniers du pays & contree, auſquels il commanda aſſembler les Maires des villages, pour leur enioindre qu'ils euſſent a faire battre diligemment les grains, & en amener a certain iour, chaſcun du lieu de ſon mandement, telle quantité a la ville qu'ils declairerent pouuoir faire, & a quoy ils furent lors quotiſez, ordõnant que ces grains ſeroyent mis en ſeure garde, au profict de ceulx a qui ils appartiendroyent : & ou beſoing ſeroit d'en prendre pour la nourriture des gens de guerre, ce ſeroit a pris & payemẽt raiſonnable : Il ſ'en trouua quelques vns, mais en petit nombre, qui obeyrent au premier mandement. Et a iceulx meſmes, les ennemis de la garniſon de Thiõuille & les Marageois, plus brigãds que gẽs de guerre, donnoyent empeſchemẽt, pillans les charroys & cheuaulx en chemin, & retenans les laboureurs priſonniers. Surquoy, autant ceulx qui auoyẽt bonne volunté d'obeir, comme ceulx qui ne l'auoyent,

sceurent colorer quelques iours la cause qu'ils prenoyent de differer, mais noz cheuaulx legiers sortirent plusieurs fois aux champs, pour leur donner
escorte, & asseurer les chemins : mesmes vn iour
Monsieur de Nemours auec sa côpagnie, ensemble
les Seigneurs de Gounor, Vidame de Chartres, les
Contes de Martigues, de la Rochefoucaud, les Seigneurs de Rendan, de Biron, & plusieurs autres Seigneurs & gentilshommes, vers Enery aux enuirons
de Thionuille. Et aduint que quelques soldats François, partiz la nuict du chasteau de Rodemar, que
lors nous tenions, s'en venoyent a Mets . Les ennemis en estant aduertiz, les suyuirent iusques au chasteau de Donchamp, ou ils furêt apperceuz par noz
gens, estant la riuiere entre deux : Et nonobstant
qu'elle fust bien grosse, le Seigneur Paule Baptiste
Fregose, Lieutenât de Monsieur de Nemours la passa quasi a nou, auec quinze ou vingt cheuaulx, & les
alla attaquer. Môsieur de Nemours & ses gens, voulans suyure, hazardoyét de passer en vn endroit bien
profond : Mais le peril du trôpette dudict Seigneur
Vidame, qui auoit premier voulu essayer le gué, &
auoit esté forcé du courât, & porté a vau l'eaue, leur
fut aduertissement d'attendre celuy qui auoit guidé
le Seigneur Paule pour leur môstrer vn passage plus
aisé : en quoy il coula quelque espace de temps. A la
fin, les ennemis les voyans passer, bien qu'ils fussent
en plus grand nombre qu'eulx, gaignerêt le pont de
Rozemont, ou ils auoyent des gês de pied : lesquels
ils conduirent dans les boys prochains de la : ou les

B.iii.

ayans iectez a fauueté, les gens de cheual prindrēt la
fuite a toute bride, iufques aux portes de Thionuille.
Cefte faillie, & autres que noz cheuaulx legiers feirēt
fouuent, furent caufe que les ennemis ne coururent
tant le pays, n'y tindrēt les chemins fi fubiects qu'ils
auoyēt accouftumé : de forte, que la ville comméça
a fe fournir de bleds. Ioinct, que Monfieur de Guyfe
trouua moyen en faire porter autre grāde quantité,
a mefme cōdition d'aucunes Preuoftez & quartiers
de Lorraine, de Barrois, & de l'Abbaye de Goze, appartenant a Monfieur le Cardinal de Lorraine fon
frere, voifins de ladicte ville: Et furent commis gens
a toutes les portes, pour tenir regiftre de la quantité
qui entreroit chafcun iour, & en rēdre compte aux
Seigneurs de Piepape, & de Sainct Belin, ordonnez
commiffaires & fuperintendans a toutes les munitions & prouifions de viures : lefquels rapportoyent
le tout par extraict au Lieutenant de Roy. Auffi fe
commença lon a fournir de foin, auoyne & paille,
par le moyen que certains villages furēt dediez particulierement aux compagnies des gens de cheual,
qui pour lors y eftoyēt, & qui depuis y vindrēt, pour
en prendre leur prouifion, en payant le taux qui en
eftoit faict a pris raifonnable : & quelque chofe d'a-
uantage pour la voicture, f'ils prenoyēt les chariots:
n'eftant touteffois permis les occuper, que les iours
de dimenche & lundy, afin que le demeurant de la
fepmaine fuft referué a femer les terres : Et que en
nous iectát hors d'une neceffité prefente, il fuft encores pourueu a celle qui pourroit apres furuenir.

Douze enfeignes de gens de pied trouua Môfieur
de Guyfe dans Mets, lefquelles pour eftre bandes
nouuelles, il tafcha adreffer & aguerrir. Entre autres
chofes, il commâda, que les Squadres d'une chafcune bande, qui eftoyêt de la garde pour la nuiĉt, fe rê-
diffent tous les foirs en armes, marchans en ordonnance, de leur quartier iufques a la place, qui eftoit
deuât fon logis, ou fe rangoyent les vns pres des autres : de façon, que tous affemblez, auoyent forme
d'un bataillon, qu'il faifoit quelques fois marcher en
auant, puis foubdain en arriere, monftrer vifaige de
tous coftez, baiffer les picques comme pour combattre, ayant faiĉt ficher vn blanc a vne muraille, ou
les harquebouziers fe adiuftoyêt. Et apres leur auoir
faiĉt entêdre ce qu'il vouloit, par le Capitaine Fauars
leur maiftre de camp, & donné le mot du guet, les
enuoyoit en mefme ordonnance a leurs poftes &
gardes. A quoy ils f'eftoyent fi bien accouftumez,
que combien que leur chemin f'adreffaft a diuers
endroits de la place, & qu'aucune trouppes fe vinf-
fent croifer dans les autres, touteffois ils ne fe def-
mentoyent iamais de leur ranc & file. Au refte, furent faiĉtes plufieurs belles ordonnances, fur la forme de viure defdiĉts foldats, a ce qu'ils euffent a con
uerfer paifiblemêt auecques les habitans de la ville,
fans leur faire ou dire mal, ne prêdre aucune chofe
qu'en payant, laiffant les clefs des viures & marchâ-
difes a ceulx a qui elles appartenoyêt, fans retenir
leurs meubles, fors ceulx qui eftoyent neceffaires
pour leur vfage ordinaire, & de ne les côtraindre en

rien oultre leur gré : qui fut chose si bien obseruee, que les vns viuans auecques les autres de si bon accord, sembloyent estre citoyens d'une mesme ville. Au surplus, pour euiter mutinations & brigues, furent faictes de par luy, defenses aux soldats, de ne prédre quereles les vns auecques les autres, ne mettre la main aux armes dans la ville, sur peine d'auoir le poing couppé : En quoy il fut si bien obey, que iamais ne fut veu nombre de gens de guerre demourer si longuement ensemble, ou il y ait eu moins de quereles & debats. En ceste façon les choses de Mets commencerent a se reduire en bon train & conduitte. Mais a fin qu'il n'y eust riens a dire, quád le besoing viendroit, Monsieur de Guyse enuoya le Seigneur Pierre Strozzi vers le Roy, luy remonstrer par le menu ce qui pouuoit entierement toucher l'estat, tant des victuailles, artillerie, munitions de guerre, fortifications, faulte de pionniers, que du petit nombre de soldats qu'il y auoit pour defendre vne telle & si grande ville : Aussi pour entendre comme ledict Seigneur de Guyse auoit a se gouuerner auec le Marquis Albert de Brandebourg, dont cy apres sera plus amplement parlé : Lequel estoit desia arriué a Trieues auec vne armee, au cas qu'il s'accostast plus pres de Mets. La respôce du Roy fut, qu'il pouruoyroit a toutes choses necessaires, aussi tost qu'on pourroit congnoistre la verité, que les entreprinses de l'Empereur s'addresseroyét a Mets. Et quant a la particularité du Marquis Albert, que Monsieur de Guyse vsast en son endroit, comme de

perſonnage qu'il eſperoit retirer a ſon ſeruice , ſans
touteſſois auoir trop grande fiance de luy : Et qu'il
taſchaſt l'eſloigner de la ville , & le iecter ſur le chemin que l'Empereur deuoit tenir venãt en ça , pour
conſumer de tant plus les viures au deuant de l'armee qu'il meneroit.

Au commencement de Septembre , les compagnies d'hommes d'armes de Meſſieurs de Guyſe, de
Lorraine, & Prince de la Rocheſuryon, Trois de che
uaulx legiers , & Sept enſeignes de gens de pied, furent enuoyees pour eſtre de la garde & ſeureté de
Mets:leſquelles eſtant venues pres du pont a Mouſſon, Monſieur de Guyſe aduiſa les embeſongner au
faict de la recolte , ne voyant que aucun beſoing le
preſſaſt encores de les mettre dedãs, eſtimãt que ce
ſeroit autãt de viures eſpargnez.   Et pource que les
habitans du plat pays ſe monſtroyent lents & tardifs
a porter leurs grains, il deſpeſcha commiſſion, le ſe-
cond iour de Septembre , aux Seigneurs Dãtragues
Lieutenãt de ſa compagnie, au Seigneur de la Broſſe
Lieutenãt de la compagnie de Mõſieur de Lorraine,
& au Seigneur de Biron Lieutenant de celle de Mõſieur le Prince de la Rocheſuryon , de mener ceſte
trouppe es terres de la ville, & de l'Eueſque de Mets,
les plus eſloignees, pour faire auec la force (ſi beſoing
eſtoit) que les commandemẽts de la recolte fuſſent
executez . En quoy ils procederẽt ſi ſagemẽt, que du
gré du peuple , a qui on permettoit en retenir quelque quãtité, pour leur nourriture de certain temps,

C.i.

& pour semer, fut amené de ces quartiers, auant le vingtiesme de Septébre, enuiron douze mille charges de grains, dans la ville.

Et pource que le temps ne nous promettoit assez loisir, de pouuoir conduire en defence noz rampars & platesformes, auát la venue des ennemis : & mesmement qu'estions incertains par quel endroit ils nous vouldroyent assaillir : Monsieur de Guyse embesongna les gentilshómes de sa maison a faire vne prompte prouisió de plusieurs choses requises, pour iecter a vne breche soubdainement faicte, ou l'on n'auroit eu temps de ramparer. L'un de certain bon nóbre de Gabiós, Vn autre assembler deux cés grosses Poultres de boys, Autres a trouuer deux mille grands Tonneaux, & de Planches, & Tables ferrees en grand nombre, Remplir quatre mille sacs de terre, & de sacs de laine autant qu'il s'en trouueroit, sans y omettre force Pics, Hoyaulx, Pelles, Hottes, Moutons pour abbattre murailles : Les autres a la charge des Pauezades, des Caualiers de boys pour l'harquebouzerie, des Parapects, Mátelets, Treteaux, Barrieres, Rateaux cheuilléz, & autres engins, de chascune espece diuerses sortes, pour s'en aider par teste & aux flancs, selon la diuersité des lieux & places ou l'affaire le requerroit. Au Seigneur de sainct Remy, se pouruoir de bonne heure de touts Artifices a feu, aussi au Seigneur de Crenay remonter grád nombre d'harquebuz a croq auec leur appareil & fourniment. Et fut la diligence telle, que toutes ces choses se trouuerent prestes & assemblees es lieux a ce ordonnez auant que le befoing fuft.

Noz foldats n'eftoyent ce pendant pareffeux a la demolitiõ des baftiméts vers la porte fainɗe Barbe, portans par terre ce grand nõbre d'edifices demourez hors du retranchement, afin que fi iceluy quartier venoit a eftre prins, lequel touteffois on ne deliberoit legierement abandonner, il ne f'y trouuaft rien en eftat qui peuft faire faueur a l'ennemy. Et de mefmes pourfuyuoyent les maifons, ioignants les murailles de la ville, faifant vne efpace tout du long pour y mettre géts en bataille, & y pouuoir faire rãparts & tranchees. Pareillement au dehors de la ville ils abbattoyent les Faulxbourgs, Iardins, Edifices de plaifir, & autres murailles qui euffent peu nuire, dont il y en auoit grand nõbre iufques dans les foffez, ainfi qu'on veoit en ces grandes & riches villes qui ont ioy longuemét du bié d'une profonde paix. Et pourroit on f'efmerueiller de l'obeiffance qu'en tel dõmage d'edifices ce peuple de Mets rédoit? car eftát la chofe cõduitte par l'authorité de Mõfieur de Guyfe, & par gracieufes remonftrances, dont il vfoit, il ne f'en veit vn feul qui feift femblát le trouuer dur, & la plus part mettoyent d'eulx mefmes la main a les abbattre, comme concernant le bien public & la perpetuelle feureté de leur ville.

Encores pour ne laiffer aucune cõmodité de couuert a l'ennemy, f'il vouloit venir loger pres de la ville, ils ruinoyent les bourgs de Sainɗ Arnoul, de Sainɗ Clement, de Sainɗ Pierre des champs, de Sainɗ Iulian, de Sainɗ Martin, & autres tout a l'en-

C.ii.

tour : chofe qu'il ne fault eftimer de petit trauail
ny peu hazardeufe, veu la preffe du temps, qui ne
donnoit le loifir d'y befongner en feureté : de forte
qu'ils y font demourez enfepueliz & couuerts foubs
les ruines plus de deux cens pauures foldats, ou autres qui leur aidoyét.   Vray eft que quant aux grá-
des Eglifes tant du dedás, que du dehors, ne les voulant Monfieur de Guyfe veoir mettre par terre, fi la
venue de l'ennemy & le fauluement de la ville n'en
monftroyent vne grande neceffité, les pilliers qui
en fouftenoyent les voultes & pans de mur, furent
pour lors feulemét couppez & eftançónez de boys,
mefurans que l'efpace d'un iour ou deux, nous en
feroit toufiours venir a bout, quant le befoing nous
y contraindroit, ainfi que depuis auát cinq fepmaines fut mis a execution. Mais pource que celle de
Sainct Arnoul eftoit de gráde eftédue, & affife en fi
hault & proche lieu de la ville, que la voulte euft peu
feruir aux ennemis d'un dágereux caualier fur tout
le quartier de la porte Champeneze, on faduança
de l'abbattre, de crainte qu'ils feiffent quelque grád
effort, de f'en faifir auant qu'on y peuft remedier. Et
vfa Mófieur de Guyfe de pitoyable office vers l'abbé
& religieux dudict Sainct Arnoul, enfemble vers les
autres gents d'Eglife & de religion de toutes les Abbayes, Conuens & Colleiges abbattuz, qu'il accom-
moda es autres Eglifes, dont eft demeuré grand nóbre en eftat dans la ville, trouuant fuffifant efpace
pour les y loger touts, auec leurs aornements & ioyaulx, fans aucun empefchement de pouuoir vaquer

au seruice de Dieu, aussi bien qu'au parauant. Et
feit transferer en solennelle procession les corps &
reliques de plusieurs saincts, qu'il accompaigna, &
les autres Princes & Seigneurs auec luy, la torche
au poing, teste nue, depuis l'Eglise & Abbaye sainct
Arnoul, iusques en l'Eglise des freres prescheurs.
Il ne fault omettre, qu'a mesme iour & procession
furent transferez les cercueils, esquels gisoyent en
l'Eglise & Abbaye Sainct Arnoul, la Royne Hildegarde, femme de Charles premier de ce nom surnommé Charlemaigne, Roy de France & d'Austrasie (duquel royaulme d'Austrasie, la ville de Mets e-
stoit la capitale) & depuis Empereur. Le Roy Loys,
surnommé Debonnaire, filz des susdicts Charles &
Hildegarde, aussi Roy des deux royaulmes, & Empereur : qui fut inhumé a Sainct Arnoul, l'an huict
cens quarante & vn : Deux de ses seurs, Hildegarde
& Aleide : & deux seurs du Roy Charlemaigne, Ro-
tayde & Aleide. Droguo, qui fut Archeuesque de
Mets, & frere dudict Roy Loys Debonnaire, ne scay
au vray si legitime ou bastard. Vitro, Duc de Lorraine, pere de Saincte Glocine. Beatrix espouse d'un
Herwic Duc de Mets. Amalard Archeuesque de
Trieues, iadis Chācelier de Charlemaigne, & depuis
canonizé pour Sainct : Lesquels furent tous apportez en l'Eglise des freres prescheurs, & ilec enleuez
auecques telle solennité, & aussi honorablemēt que
faire se peult, & que l'opportunité du temps le permettoit.

Le Marquis Albert de Brandebourg, duquel auōs

C.iii.

deſſus parlé, ſ'eſtoit faict chef d'une partie des meil-
leurs gens de guerre que les Princes d'Alemaigne
euſſent en leur armee contre l'Empereur, ayant retiré de ſa part le Duc de Zimmeren, parent du conte
Palatin, l'Anſgrau de Lytembourg, Le conte Ludouic d'Ottinguen, & Soixante deux enſeignes d'Alemans, leſquelles il auoit reparties en quatre regimés.
Dont Iacob d'Auſbourg auparauant ſon Lieutenāt
eſtoit Colonel de vingtdeux. Le conte Daltébourg
de ſeize. Rifemberg de douze, & des douze autres
Ioaſſen Fōdalbic, auec huict Squadrōs de cheuaulx,
chaſcun de deux cens, enſemble trēte quatre pieces
d'artillerie : Et eſtoit venu des haultes Alemaignes,
en branſchattant & rançonnāt le pais, paſſer le Rhin
a Spire, & courir toutes les terres d'Auxois, iuſques
a la ville de Trieues, de laquelle il ſ'eſtoit ſaiſy & mis
des gens de cheual dedans, auec le regimēt de Fon-
dalbic pour la garder. Maintenāt ſ'eſtoit venu camper au lieu de Roranges ſur la Mozelle, pres de Thionuille a trois lieues de Mets, d'ou enuoyoit ſouuent demander viures a Monſieur de Guyſe pour la
nourriture de ſon camp, faiſant publier qu'il eſtoit
la pour le ſeruice du Roy. Et de faict, le Roy tenoit
aupres de luy l'Eueſque de Bayonne, pour traicter la
condition du payement qu'il luy fauldroit en ſe ſeruant de luy. Or n'oſoit Monſieur de Guyſe le refu-
ſer, afin qu'il n'en cauſaſt quelque mal contentement : auſſi craignoit d'autre part deſſournir ſa ville. Parquoy aduiſa ſagement de ne tomber en l'une,
n'y en l'autre neceſſité, enuoyant la premiere fois

au Marquis tel nombre de pains & pieces de vin
pour luy fatiffaire, qui ne fut de grand foulle a la
munition du Roy. Et depuis fur femblable demande, luy feit entendre, qu'il n'oferoit n'y vouldroit
plus toucher a la munition : mais luy enuoyoit vne
autre prouifion de pain & de vin qu'il auoit faict venir pour la fourniture particuliere de fa maifon, ad-
iouftât encores nouueau prefent d'un Courfier, que
le Seigneur de Louuieres fon efcuyer d'efcuerie, mena audict Marquis. A la fin ne voulant Monfieur de
Guyfe vfer vers luy, finon en la façon que le Roy luy
auoit mandé, & voyant qu'il importunoit toufiours
pour viures, enuoya le Seigneur Pierre Strozzy
luy remonftrer, que la raifon de la guerre (laquelle il
entendoit bien) ne portoit que lon iectaft viures
d'une place de telle importance que Mets, mefmement a cefte heure, qu'on entédoit l'Empereur f'approcher auec vne groffe armee, pour la venir affieger, auecques ce qu'elle n'eftoit gueres bien fournie : & a peine en pourroit on tirer la nourriture de
fon camp trois iours, qu'õ ne l'efpuyfaft beaucoup:
mais qu'il pourroit prédre fon chemin vers les Sallins, pays treffertil, & la entretenir pour vn temps
fon armee. Ce propos fembla auoir efté bien receu
de luy, mefmes demanda quelque perfonnage pour
luy monftrer le pays. Mais le bon iugement du Seigneur Pierre auoit defia defcouuert par les termes
& propos qu'il auoit tenu, que fes fins tendoyent
feulement a tirer de l'argent du Roy, & proiectoit
deflors iouer ce beau tour, que depuis on a veu. Lé-

demain fut defpefché Gafpar de hus, Seigneur de
Buy, gentilhóme natif de Mets , pour l'aller códuire
vers les Sallins . Mais en lieu de prendre ce chemin,
il f'approcha vne lieue plus en ça, vers la ville, venãt
camper a Aey , d'ou enuoya trois de fes gents vers
Monfieur de Guyfe , luy faire entendre, que d'aller
vers les Sallins, ce feroit trop f'expofer a l'ennemy,
en dãger que luy & fes gents fuffent rompuz, & que
fon intention eftoit de paffer la Mozelle : parquoy
prioit qu'on luy feift faire vn pont , & ce pendant le
fournir de viures neceffaires, enfemble mettre en
liberté quelques vns des fiens, qu'il difoit eftre arre-
ftez dans la ville. Mófieur de Guyfe enuoya recueillir & feftoyer fes gents, par des gentilshommes de
fa maifon , aufquels ces Alemans feirent grande inftance de prendre la lettre du Marquis leur maiftre,
qui contenoit leur charge, pour la porter a Monfieur de Guyfe : & qu'ils viendroyent puis apres luy
faire la reuerence & dire le furplus. Tãtoft apres f'en
retournerent fans fe prefenter : de laquelle façon
Mófieur de Guyfe affez efmerueillé , ne laiffa pourtant a rendre refponce, & ramenteuoir au Marquis
touchant les viures, la raifon que deffus. Et quant au
pont, qu'il n'auoit moyen d'en faire dreffer promptement : mais qu'il commãderoit que tous les batteaux de Mets & du pont a Mouffon, fe rendiffent
a l'endroit ou il vouldroit faire paffer fes gents, pour
en tirer la commodité qu'il pourroit . Au refte qu'il
n'auoit aucun des fiens prifonnier, ny ne vouldroit
qu'ils euffent moins de liberté & bon traiƈtement

dans la ville, que les François. Cefte refponfe eftoit
fuffifãte,& fatiffaifoit au tour:parquoy eftima ledict
Marquis,que ce luy feroit honte de ne la prendre en
payement:Et commença incontinẽt penfer a quelque autre nouueaulté : c'eft de faindre eftre requis,
que Monfieur de Guyfe & luy parlaffent enfemble,
& qu'il fuft aduifé vn lieu hors la ville pour f'affem-
bler. L'excufe eftoit prefenté a Monfieur de Guyfe,
que ayant la garde de la place, ne feroit trouué bon
qu'il en fortift:offrãt au Marquis,que f'il luy plaifoit
venir dedans, il mettroit peine de le bien recueillir
& traicter. Le Marquis dóna parolle de venir le iour
enfuyuant, dont Monfieur de Guyfe enuoya bonne
trouppe de gentilshommes hors la ville, vers la venue de fon camp au deuant de luy : & trouuerent
quelques Alemãs qui vouloyent entrer, lefquels furent receuz. Et apres que lon eut longuement attẽ-
du,le Marquis enuoya dire,qu'il ne viẽdroit iufques
au lẽdemain,auquel iour il approcha encores le ma
tin fon camp,iufques au village de Mercy, & autres
d'enuiron , a vne lieue de la ville. Eftans des noftres
fortiz comme le iour precedant, rencontrerent autre trouppe d'Alemans, qui difoyent, le Marquis
n'eftre gueres loing: & qu'ils f'eftoyent mis deuant,
pour acheter ce pendant quelques befongnes en la
ville. L'entree leur fut dónee comme aux premiers:
& fur le midy,vn gẽtilhomme enuoyé de la part du
Marquis,vint porter excufe, qu'il ne pouuoit encor
venir de ce iour:requerant Monfieur de Guyfe,qu'il
luy pleuft receuoir dans la ville,vn nombre de mor-

D.i.

tiers & quelques munitiõs de boulets, pour deschar-
ger d'autant son charroy, qui comméçoit marcher
difficilement, a cause que le temps s'estoit disposé a
la pluye. Dequoy encores qu'il en fust quelque chose:(car a la verité, le pays est gras & boueux, pour si
peu d'eaue qu'il y tombe) si est il a croire, que cela
tédoit plus a imprimer quelque fidelité de luy, qu'au
soulagement de son charroy: car en l'hyuer apres, il
traina tousiours lesdicts mortiers & boulets, sans
nouuel attellage de cheuaulx. Monsieur de Guyse
luy accorda sa demande, & mesmes qu'il pourroit
laisser vn de ses gens dans la ville, pour auoir la garde de ce qu'il y mettroit. Ce soir, il enuoya lesdicts
mortiers, qui arriuerent bien tard, & a heure que lon
n'a accoustumé ouurir places de garde : touteffois
pour ne luy laisser aucune apparente occasion de se
plaindre, Monsieur de Guyse, ayant iecté quelques
cheuaulx dehors pour faire la descouuerte, afin d'ob-
uier aux entreprinses qui se pourroyent faire, & mis
force soldats en armes a la porte, quelque nombre
d'harquebouziers aux barrieres, receut ce charroy
a diuerses ouuertures de porte, & a diuerses fois, le
visitant a la raison qu'ils entroyent, les vns apres les
autres, afin qu'il n'y eust chose dont peust venir inconuenient a la ville: & cela si dextrement, qu'il ne
fut donné aucune cognoissance de soufpeçon. Le
tiers iour, on veit venir autre grosse trouppe d'Alemans, & nulles nouuelles que le Marquis arriuast:
Dont Monsieur de Guyse considerant ceste façon,
& le logis qu'il estoit venu prendre si pres de noz

portes, fe doubta qu'il pourroit auoir quelque dangereufe imagination. Parquoy ne permeit que ces
Alemans venuz dernierement, entraffent : mais
doulcement feit fortir ceulx qui eftoyent dedans, en
nombre de plus de quatre cés, leur offrant faire porter de la marchandife a la porte, autát qu'ils en vouldroyent acheter. Sur l'heure arriuerent gens de la
part du Marquis, pour dire, que leur maiftre ne
pourroit eftre bien a fon aife, en lieu ou lon effayaft
faire fes gens prifonniers : & que a cefte occafion, il
n'y eftoit voulu venir. A quoy auoit tant peu d'appa
rence, que lon ne daigna luy en mander fatiffaction:
car auffi n'eftoit veritable: cóme Monfieur de Guyfe, f'en eftant foigneufement enquis, des l'autre fois
qu'il luy auoit mádé le femblable, l'auoit ainfi trouué. Toutes lefquelles chofes rapportees au fuccez de
celles qui aduindrent dans fix fepmaines apres, fe-
ront iuger, que le Marquis auoit entreprins vne de
trois chofes, ou de tirer le plus de viures qu'il pourroit, pour deffournir la ville: ou bien furprendre la
perfonne de Monfieur de Guyfe, & mettre en danger tout le demeurant : ou bien de gaigner auec le
nombre de fes gés qui eftoyent ainfi entrez, vne des
portes par ou il peuft mettre toutes fes forces dedás,
& en demourer le Seigneur : Mais Dieu ne permift
qu'il en aduint ainfi.

Nous auions lors paffé la mi Septembte, & commençoyent venir plus d'aduertiffements de la venue de l'Empereur qu'au parauant. Lequel auec les
bandes Efpagnoles, Italiennes, & les autres forces

D.ii.

qu'il auoit asséblees a Ispurg, Munic, Augsbourg &
Vlme, s'estoit acheminé iusques sur le Rhin: lequel
sa personne auec quelque nombre de cheuaulx &
certaines pieces d'artillerie , l'auoyent passé sur le
pont a Strasbourg: le demeurát de l'armee par batteaux: s'estát encores venu ioindre a luy a Laudours,
maison du Conte Palatin pres de Spire, ou il faisoit
quelque seiour , deux regiments qui venoyent de
Francfort & Ratisbonne: par le moyen dequoy son
armee estoit encores engrossie, & s'approcha depuis
au Deux ponts, qui est vn lieu a quinze lieues de
Mets: d'ou Monsieur de Guyse eut aduertissement,
qu'il faisoit aduancer quinze cens ou deux mil cheuaulx vers le pays Metsein, pour deffaire les nostres,
qui y estoyent pour la recolte . Parquoy manda aux
Seigneurs d'Antragues, de la Brosse & de Biron, s'ap
procher vers la ville auecques leur trouppe , faisans
entendre par le pays, que lon eust a mettre plus gráde diligence que iamais de porter viures : & ceulx
qui ne le pourroyent si tost faire, eussent a les ietter
hors des granges , maisons & edifices , afin que s'il
estoit besoing en faire le gast, pour empescher que
l'armee de l'ennemy ne s'en preualust , on les peust
brusler sans endommager les bastiméts & meubles,
espargnant ce pauure peuple le plus qu'il seroit possible. Il leur fut aussi mandé, qu'ils rapportassent vn
roole de tous les moulins des lieux & enuirons ou
ils passoyent, pour les enuoyer rompre au deuant de
l'Empereur : Les aduertissant encores, d'amener en
venant vn grand nombre de charroy, pour s'en ser-

uir a referrer promptemēt tout ce qui fe trouueroit
a deux ou trois lieues a l'entour. Ces chofes executerent les fufdicts, ainfi qu'il leur eftoit mandé : & fe retirerent auec leurs gens vers Monfieur
de Guyfe, qui les feit entrer dans la ville le vingt-
deuxiefme iour de Septembre : & les enuoya loger
chafcun au quartier qui luy eftoit departy : les bandes de gens de pied pres des murailles, afin d'eftre
voifins des lieux ou ils auroyent a faire la garde, &
les genfd'armes & cheuaulx legiers fur le milieu de
la ville: Ordonnant a tous Capitaines, chefs de gens
de guerre, gentilshommes & foldats, ne faire logis
hors de leurs quartiers, fur peine d'en eftre puniz.

Et fcachāt que la nobleffe Françoife eft affez cou-
ftumiere de courir la part ou l'affaire furuient, &
aduenant le fiege, qu'un bon nombre f'en retireroit
en cefte ville, ou f'ils n'auoyent a qui rendre particuliere obeiffance, vouldroyent prendre logis ou
bon leur fembleroit, & eftre de toutes les factions
qui f'entreprendroyent : dont on a veu fouuent aduenir plus d'inconueniens, que de bons effects. A
cefte caufe, feit commandement, que tous gentilshommes, & autres qui viendroyent pour leur plaifir, euffent a choifir vn des Capitaines de gens de
cheual, ou de gens de pied, eftans en la ville, pour
fe retirer deuers luy, & auoir logis dans fon quartier, le fuyure & accompaigner a toutes les faillies,
factions & entreprinfes qui fe feroyēt par luy, obeif-
fant a l'execution d'icelles, tout ainfi que f'ils auoyēt
receu foulde, & faict le fermēt au Roy foubs fa char-

D.iii.

ge, & n'entreprendre rien d'aduantage, ſur peine
d'eſtre mis hors la ville. Et pource que les ennemis
euſſent peu en moins de ſix iours, ſe faire maiſtres
de la campaigne, & occuper les viures, ne tarda gueres a renuoyer la caualerie legiere faire le gaſt qu'a-
uons dict cy deſſus, & rompre les moulins, leur cō-
mandant aller commencer au plus pres de l'ennemy, & au plus loing de la ville qu'il leur ſeroit poſſible : faiſans en ſorte qu'il demouraſt le moins de
nourriture & de commodité de toutes choſes deuãt
leur armee, que faire ſe pourroit.

Ce pendant, afin que lon feiſt plus grande diligence de reſerrer ce qui eſtoit encores dehors, fut
de nouueau ordonné, que dans quatre iours on euſt
a mettre tous les viures & le beſtiail des villages
dans la ville, pour en fournir la munition, ou les
vendre au marché, a tel pris que lon trouueroit, ſur
peine que, le terme paſſé, les gens de guerre & ſoldats en pourroyent aller prendre ſans payer, la ou
ils en trouueroyent. Ce commandement feit venir
en ces quatre iours, grande quantité de tous viures:
Car la plus part du peuple & les habitans de la ville,
qui auoyent encores leurs granges & maiſons aux
champs toutes pleines, obeirent dans le temps. Et
ceulx qui ne le voulurent faire, ſentirent bien toſt
la punition du meſpris & refuz qu'ils faiſoyent : par
ce que les gens de guerre ſortirent, comme il leur
eſtoit permis, & allerent faire particuliere prouiſion
de tout ce qu'ils peurent trouuer : qui fut cauſe, que
aucuns ſe repentans, venoyent offrir liberalement

de porter tout ce qu'ils auoyent, & que la main fuſt
reſerree aux ſoldats: ce que Monſieur de Guyſe feit
voluntiers, regretant la foule du peuple, pourueu
que la ville euſt ſon fourniſſement. En ceſte façon,
ne vint gueres de dommage, que ſur ceulx qui a-
uoyent trop mauuaiſe volunté, & cela meſmes porta quelque eſpargne a la munition du Roy, tenant
lieu de diſtribution aux ſoldats plus de ſix ſepmai-
nes durant le ſiege. Monſieur de Guyſe auoit vſé de
pluſieurs autres moyens, ſur le faict des prouiſions
de bleds, vins, beſtiail, chairs ſallees, poiſſon, beurre,
huille, ſel, froumages, riz, & tous autres viures de
garde, qu'il auoit faict venir de Frãce, Lorraine, Barrois, & autres lieux, ou il ſ'en pouuoit recouurer,
n'ayãt eſpargné ny ſon credit, ny ſes deniers: de ſorte, que la ville fut miſe en eſtat, pour ne ſouffrir faim
d'un bon an.

Sur le vingtieſme de Septembre, Monſieur de
Guyſe enuoya la ſeconde fois le Seigneur Pierre
Strozzi vers le Roy, l'aduertir qu'il eſtoit tẽps d'enuoyer le ſecours qu'il auoit aduiſé donner a Mets,
veu que l'ennemi ſ'eſtoit tant approché, qu'il ne
falloit plus doubter de ſa venue. A quoy ſa maieſté
reſpondit, que de Sainct Mihel, ou Monſieur le
Conneſtable alloit dreſſer vn commencemẽt d'armee, y ſeroit pourueu auant que les ennemis peuſſent eſtre arriuez.

Quelques iours auparauant, le Marquis Albert de
Brandebourg eſtoit retourné vers Trieues, pour retirer les gens de cheual, & le regiment de Fondalbie

qu'il y auoit laiſſé, & autreſfois reuenu au tour de
Mets, ou il feit cinq ou ſix logis, entretenant touſiours l'Eueſque de Bayonne de paroles generales,
ſur leſquelles on ne pouuoit faire aucun bon fon-
demét: car il luy propoſoit chaſcun iour demandes
nouuelles, & ſi exceſſiues, que ledict Eueſque euſt
paſſé grandement ſa charge, de les luy accorder. Il
enuoya querir les mortiers qu'il auoit laiſſé dans la
ville, leſquels Monſieur de Guyſe luy permit repré-
dre. Et enuiron ce temps, le Roy deſpeſcha encores
le Seigneur de Lanſac, pour venir prendre quelque
concluſion auecques luy, mais il trouua moyen de
mettre touſiours la choſe en longueur: Et ce pendant, ſ'approcha du pont a Mouſſon, venant loger
tout ioignant les portes, auquel lieu Monſieur le
Conneſtable enuoya de nouueau le Seigneur de la
Chappelle de Biron, & a la fin Monſieur de Chaſtil-
lon ſon nepueu, a preſent Admiral de France: lequel apres auoir quelque fois conclud vne choſe, incontinent apres le Marquis l'enuoyoit condition-
ner de quelque autre, tant eſloignee de raiſon, qu'il
ſ'en retourna ſans reſolution. Ceſte façon intraictá-
ble, de ne ſe laiſſer conduire a quelque party hon-
neſte de pluſieurs qui luy eſtoyent offers, le rendit
ſuſpect a Monſieur le Conneſtable, qui commença
péſer de luy comme d'un ennemy: Et par le trouble
qu'il dóna, veint ceſt incóuenient a la ville, que Móſieur le Conneſtable ne nous peult ſecourir de tout
ce qu'il euſt bien voulu, meſmemét d'artillerie: Car
il ne l'euſt peu faire códuire auecques moindre for-

ce, que d'une armee, pour la defiance qu'auions du
Marquis & de son camp. Bien auoit faict approcher
de bonne heure quatre enseignes de gés de pied au
pont a Mousson, auant que le Marquis y passaft, lesquelles furent deslors retirees dans la ville, & depuis
enuoya deux cens pionniers & vn nombre de pouldres que le Seigneur Horace Farnez Duc de Castres
amena, lors qu'au dixseptiesme du mois ensuyuant, il vint pour attendre le siege. Oultre lesquelles, Mósieur de Guyse, pour la crainte d'un long siege, auoit mis peine en assembler, ou de ce qu'il en
auoit tiré de ses places, ou par autres moyens, dix
milliers.

Pource que le mois d'Octobre estoit venu, & nous
approchions de l'hyuer, quelques vns estimerent
que l'Empereur n'entreprendroit si tard nous assie-
ger, cuidans puis qu'il auoit conduit iusques ici sa-
gement ses affaires, il ne vouldroit forcer à ceste
heure la nature du temps, & tant contemner la ri-
gueur du ciel, que de hazarder vne si grande armee
a la mercy des neiges, pluyes & gelees, qui sont bien
vehementes en ce pays, & se contenteroit pour ceste annee de s'estre monstré en armes en Alemaigne, & d'auoir reduit a sa deuotion les princes de
l'Empire, qui au commencement de l'esté estoyent
entrez en guerre contre luy : mais qu'il pourroit entreprédre de venir en quelque quartier de la Champaigne ou en Lorraine & Barrois, pour y faire hyuer-
ner son armee, & temporiser iusques en la belle sai-
E.i.

fon, que l'execution de fes entreprinfes viendroit
eftre plus ayfee : mais il eftoit auffi a penfer qu'un fi
grand amas de gẽts de guerre, & la grande defpence
dẽ les fouldoyer, auec les brauades & menaffes, dont
il auoit vfé, & qu'il auoit faict publier par fes ambaf-
fadeurs & miniftres, tãt en Alemaigne qu'en Italie,
de vouloir auant toutes chofes pourueoir au recouurement de ce qui touchoit a l'Empire, luy feroyent
auancer ce fiege. A quoy de plus fort l'inciteroit
la foibleffe, qu'il fcauoit eftre encores en la ville, &
la crainte que les affaires du Roy par trop tempori-
fer fe peuffent tant affermir, qu'il ne fuft plus heure de l'empefcher. Auffi qu'un efprit picqué fe pro-
met fouuent de furmonter les plus grandes diffi-
cultez, mefmes qu'il auoit autreffois bien heureufe-
ment mené la guerre en hyuer. Parquoy faifant
Monfieur de Guyfe vn confeil fur toutes ces chofes,
refolut de pourfuyure fa premiere & fage deliberation, dẽ continuer auecques la plus grande diligence qu'il pourroit la fortification commencee. Et y
eftoit fi attentif, que fouuent il faifoit porter fon dif-
ner aux rampars, de peur de mettre trop de temps a
l'aller & venir en fon logis. Et fi quelques fois il alloit dehors a cheual, c'eftoit pour recognoiftre le
pais, vifiter les aduenues & logis, que les ennemis
pourroyent faire a l'entour de la ville, & prẽdre garde aux lieux, par ou il nous pourroyẽt nuire, & auffi
a ceulx qui feroyent aduãtageux tant pour noz faillies, & mettre des imbofcades, que par ou nous fe-
rions noz retraittes.

Les vendanges eſtoyent lors acheuees, leſquelles
auoyent eſté faictes ſans aucun empeſchement, & y
auoit grande fertilité de vin par tout le pays, dont
apres qu'on en eut retiré vne grande quantité dans
la ville, beaucoup de gents de trauail vindrent, qui
furent employez a la beſongne ; par le moyen deſquels, les platesformes commencerēt d'approcher a
la haulteur ſuffiſante pour ſ'en pouuoir ſeruir. Et
feit lors Monſieur de Guyſe aſſeurer & habiller les
voultes de pluſieurs Egliſes en platesformes, armees
de balles de laine, qui ſeroyent cauallier aux mōtai-
gnes pour y mettre de l'artillerie, & battre au loing,
a l'aduenue des ennemis. Et pourautant que lon diſoit eſtre choſe bien aiſee de nous priuer de celle
partie de la Mozelle, qui paſſe dans la ville, rompant
la chauſſee qui la ſouſtient. Au moyen dequoy toute l'eaue retourneroit en ſon ancien canal, du pont
des Mores hors des murailles, & demoureroyent
deux grandes ouuertures, ſeruāts de breche aux ennemis ſoubs les deux ponts des barres, par ou ladicte riuiere entre & ſort dans la ville, furent commē-
cees des pallificades dans l'eaue, reculees de vingt
cinq ou trente pas deſdicts ponts, vers le dedans de
la ville pour n'eſtre expoſees a la batterie, auec bon
rampar des deux coſtez du canal, depuis leſdictes
pallificades iuſques aux ponts, ſeruant de flanc l'un
a l'autre. Et auſſi pour le meſme dāger que, perdant
l'eaue, fuſſions priuez des moulins qui eſtoyent deſſus, Monſieur de Guyſe en feit faire vn bien grand
nombre d'autres a bras & a cheuaulx pour mouldre

E.ii.

les bleds & battre les pouldres.

En ces entrefaictes on entendit que l'armee de l'Empereur auoit passé les deux ponts, & s'approchoit vers la Mozelle, s'engrossissant tousiours du nombre de gents qui suyuoyent d'Alemaigne, & d'autres qui venoyent des pays bas, dont ne voulant Monsieur de Guyse leur laisser en proye vne enseigne de gets de pied du Capitaine la Prade, qui estoit dans Rodemar, afin qu'ils ne se peussent auantager d'auoir a leur arriuee, faict quelque prinse sur le Roy, mist en deliberation & coseil de les retirer, ensemble l'artillerie, qu'ils pouuoyent auoir. Et furent les Capitaines de cest aduis, que du premier iour on enuoyast querir les gents de pied, cognoissants que la place n'estoit pour attendre vne moyenne force, non qu'une si grosse armee, qu'on disoit estre celle de l'Empereur : mais ils trouuoyent si malaysé, que quasi iugeoyet impossible d'en pouuoir retirer l'artillerie, a cause qu'il y auoit six grades lieues de mauuais chemin de Rodemar a Mets, qui en valloyent douze Françoyses, beaucoup de passages difficiles tant de montaignes, que de grands boys entre deux, & le temps qui s'estoit mis a la pluye. D'autre costé les forces de l'ennemy voisines, & mesmes vingt enseignes de leurs gets de pied desia logees a Luxébourg & Thionuille, entre lesquels Rodemar faisoit le milieu, estant chose contraincte de passer a l'aller, & au retour a la portee du canon de Thiõuille, dont pour y vser seurement, ne fauldroit moindre escorte, que de tout le nombre de gents qu'il y

auoit dans noftre ville,lefquels,pource qu'il cõuien
droit mettre beaucoup de tẽps a trainer l'artillerie,
ne feroyẽt encores peu hazardez en telle entreprinfe, mais qu'on rõpift ladicte artillerie, & portaft fur
fommiers ce qu'õ pourroit des munitiõs de guerre
qui s'y trouueroyẽt.Suyuãt cecy,Monfieur de Guyfe
enuoya le lendemain quatriefme d'Octobre, le Capitaine Lanque auec fes harquebouziers a cheual,
aduertir le Capitaine la Prade de tenir luy, fes gents,
& fon affaire prefts, & qu'il enuoyeroit encor plus
grand efcorte, pour les conduire feurement a Mets.
Dõt pour ceft effect il defpefcha deux iours apres le
Seigneur Paule Baptifte,& la moitie de la cõpaignie
de Monfieur de Nemours, lefquels pafferent fans
eftre apperceuz de ceulx de Thionuille, a la faueur
d'une efcarmouche que Monfieur de Nemours, &
le conte de la Rochefoucault auec le refte de leurs
compaignies allerent attaquer deuant la ville, fur
lefquels fortirent quelques gents de cheual, qui furent incontinent rembarrez dãs les portes. Et allerent encores les noftres donner dans vn nombre
d'harquebouziers fortiz auec les gents de cheual,
lefquels auoyent gaigné vn foffé,cuydans de la tirer
mieulx a feureté : mais ils furent enfoncez & rompuz, ou le Seigneur d'Auradé gentilhomme de la
maifon de Monfieur de Nemours, receut vne har-
quebuzade dãs le genoil, de laquelle a trois ou quatre iours dela il mourut. Les Capitaines Baptifte,
Lanque & la Prade executerent le huictiefme du
moys, ce qu'ils auoyent en charge de la ruine du

E.iij.

chasteau, & rompement de pieces, conduisants par
vne nuict les gêts de guerre a sauueté, auec vn nombre de pouldres & harquebouzes a croq, qu'ils a-
uoyent faict charger, iusques au pont de Rozemôt
a demie lieue de Thionuille, ou le Seigneur de Biron auec la compagnie de Monsieur le prince de
la Rochesuryon, & sept enseignes de gents de pied,
soubs le Capitaine Fauars, maistre de camp se trouuerét a l'aube du iour pour les recueillir. Et pource
que quelque maladie assez contagieuse auoit couru
entre ces soldats de Rodemar, afin d'euiter incon-
ueniet dans la ville, Monsieur de Guyse les enuoya
loger au pont des moulins, ou apres leur auoir faict
faire monstre, leur commanda se retirer au camp,
vers Monsieur de Chastillon leur Coronel. Et en ce
temps il choisit parmy ses autres bandes, trente soldats des plus estimez, pour sa garde, dont en y auoit
six des laquaiz du Roy, & a durant le siege souuent
employez les vns & les autres a diuerses entreprinses,
esquelles ils se sont tousiours portez fort vaillâmêt.
Aussi en sont demeurez les treze ou quatorze morts
ou imporéts de leurs membres.
   Trois ou quatre iours apres, Monsieur le prince de la Rochesuryon, venant de sa maison, arriua en poste, pour le desir de se trouuer en vn siege
tel, qu'on preuoyoit estre cestuy cy : la venue duquel fut tresaggreable a Monsieur de Guyse & a
touts les gents de guerre. Il voulut du premier iour
prendre charge de quelque besongne, & commença vn rampar a l'endroit d'une poterne pres l'Egli-

fe Sainct Thibauld, qui fut continué a main gauche,
iufques a l'étree de la riuiere de la Seille, & de l'autre
cofté iufques aux Auguftins, côme de mefmes pourfuyuit le Seigneur Pierre Strozzy au râpar & trâchee
d'entre la porte des Alemans, & la plateforme de
la porte a Mezelle. A ladicte plateforme les Conté
de la Roche Foucaud & Seigneur de Rendan:& les
Seigneurs de Gounor & de la Broffe a la courtine, &
deux bouleuars du retrâchemét: Le Seigneur d'An-
trangues au rauelin & portal des Alemans: Le Seigneur de Biron a la plateforme des Rats: Le Seigneur de Parroy a celle de l'encôgneure de Saincte
Glocine, & certains autres Seigneurs venuz au parauant, qui eftoyent fuperintendans a touts les atteliers, faifoyent valoir la diligence des pyonniers, &
des gents de trauail, n'efpargnants celle mefme des
gents de guerre de pied ou de cheual, lefquels y em-
ployoyent quatre & fix heures chafcun iour, dont
leur gaillardife ayda beaucoup a l'aduancement de
la befongne: Ioinct que noz ennemis eftoyét lents,
& nous donnoyent loifir de nous fortifier, feiour-
nants plus d'un demy mois au logis qu'ils auoyent
prins au deux ponts, & aux enuirons: mais cela pro-
cedoit, côme il eft vray femblable, de ce que l'Empereur vouloit pouruoir, auant paffer oultre, aux
munitions de guerre & viures, qui feroyét neceffaires durant le fiege, a l'entretenemét d'une fi grande
armee:Côme deflors il pratiqua, que de Strafbourg
luy feroit fourny durant deux mois deux cens mille pains par iour, & des autres villes affifes fur le

Rhin & la Mozelle, felon qu'ils le pourroyent faire.
Il attendoit auffi que fa groffe artillerie fuft arriuee
a Thionuille, laquelle il faifoit defcédre par le Rhin
iufques a Confluence, & puis remonter par la Mozelle. D'autre cofté le Duc d'Olften frere du Roy de
Dannemarc, & les Seigneurs Daiguemont, de Brabançon, & du Boffu luy deuoyent amener vn autre
nombre de gents de guerre, qui eftoyent bas Alemans, tant de pied que de cheual, lefquels ne pouuoyent fi toft arriuer. Mais fentant qu'ils f'approchoyent, & qu'au demeurant tout l'appareil de fon
armee eftoit preft, il f'achemina vers Serebruch.

A tant Mõfieur de Guyfe defirãt auoir particuliere
re cognoiffance de l'eftat de cefte armee, commãda
au Seigneur de Rendan f'en aller auec fa compai-
gnie fi auãt, qu'il la peuft recognoiftre, lequel chemina iufques par dela Vaudreuanges, fans auoir
nouuelles des ennemis. Et paffant vn peu plus oultre contremont la riuiere de Sarre, trouua que leur
camp venoit loger ce foir a Forpach, vn peu par deça Serebruch, a fept lieues de Mets. Surquoy Monfieur de Guyfe feit certain iugement, qu'ils fe venoyent adreffer a Mets. Et bien qu'il veift noz enfeignes de géts de pied fi mal complettes, qu'elles n'a-
uoyent lors plus de quatre mil cinq a fix cens hommes en tout, que la caualerie n'auoit faict mon-
ftre finon de quatre cens quarante quatre cheuaulx:
& aux trois compaignies de la gendarmerie, comptez pour neuf vingts hommes d'armes, plufieurs
auoyent efté trouuez abfens pour eftre malades,

ou allez fe refraifchir du voyage d’Alemaigne : &
grand difficulté qu’il en peuft eftre deformais fe-
couru de plus grand nombre, n’y d’aulcune aultre
chofe, neantmoins fe refolut auec telle trouppe,
qu’il cognoiffoit eftre pourueue de gens de bien,
attendre les ennemis, fans demander autre chofe
au Roy, que fa bonne grace, laquelle il efperoit me-
riter, expofant fa vie a la deféce & garde de cefte fié-
ne place, cóme a la verité c’eftoit feruice autant releué, qu’on euft peu faire a la venue de fi grád force,
& ou chafcú de bon & fain iugement peut ayfeemét
cognoiftre, de quel importance en eftoit la confer-
uation ou la perte. Donques fentant les ennemis fi
pres, comme a efté dict, de peur que f’ils auoyent in-
telligence, ou moyens aulcuns de furprendre la ville, ils en vouluffent a leur arriuee effayer l’execution, il feit renforcer la garde des murailles, ordonnant que les Capitaines, les Seigneurs, Gétilshom-
mes, & gents d’ordonnance feiffent ordinairement
tout le long de la nuict la ronde, & luymefmes le
plus fouuét eftoit a vifiter les corps de garde & fentinelles. Auffi ordonna vn guet a cheual hors la ville, qui fe feroit de iour vn peu par deffus le bourg de
Sainct Iulian, vers la montaigne & venue des ennemis, afin que d’heure a aultre il fuft aduerty de tout
ce qui pourroit furuenir de leur cofté.

Bien toft apres il enuoya le Seigneur Paule Baptifte fur les champs, pour auoir encores plus feures
nouuelles du chemin qu’ils tiendroyent. Lequel a-
uecques trente, ou trente cinq cheuaulx, chemina

vn iour & la nuict, & vn peu de l'autre matinee vers
Serebruch, & trouua que leur camp estoit encor a
Forpach: touteffois il en deslogeoit ce mesme matin, pour venir a Sainct Auau, en s'approchant deux
lïeues de nous. Ledict Seigneur Paule estat couuert
d'un peu de bois & du brouillart qui faisoit lors, demoura quelque téps a veoir passer ce camp : a la fin
voyāt trois ou quatre de leurs soldats debandez, les
feit prendre, sans que le camp en eust aucun'alarme,
& auec cest aduis & langue s'en retourna en la ville.
Ainsi nous continua l'aduertissement, que l'Empereur approchoit, dont moins que iamais perdismes heure ny temps a faire tout ce qui estoit possible, pour la fortification & defence de la ville.

La nuict du deuxiesme iour apres, le Conte de la
Rochefoucaud sortit, pour aller de rechef veoir les
ennemis. Et estant pres de Boulac, a quatre lieues
de Mets, se teint en imboscade, enuoyant le Capitaine la Faye son Lieutenant, auec six salades descouurir plus auant, lequel alla donner iusques dans
les faulxbourgs de Boulac, ou y auoit quelques harquebouziers en garde, qui furent chargez & contraincts gaigner le fort, donnants l'alarme a huict
ou neuf cens cheuaulx qui estoyent logez la, pour
escorte des viures. Ledict la Faye se retira vers la
trouppe, & le Conte auecques le tout, vers la ville,
trouuant en chemin grande quantité de bled & vin
pour les ennemis, qu'il gasta & deffonça. Et ne tarda gueres apres, que Monsieur de Guyse, pour estre
tousiours bié aduerty de ce que les ennemis feroyét,

renuoya Paule Baptifte fur le chemin de leur camp,
lequel eftant auffi parti de nuict, arriua ainfi que le
iour cómencoit a poindre, a vn village, qui eft entre
le petit Mets & les Eftágs, au milieu d'un bois, ou il
trouua de vingt cinq a tréte foldats Efpagnols, lefquels eurent l'alarme de luy, & tirerent force harquebouzades, fe iectans dans le bois, qui eftoit a
l'entree du village, par lequel ledict Baptifte vouloit faire fon chemin, qu'il faignit lors prendre par
autre part : mais pour mieux pouuoir porter quelque certaineté des ennemis, & les approcher a couuert, il y rentra par autre endroit : Et arriuant iufques pres du camp, qu'il trouua logé par deça Boulac, print neuf ou dix foldats Italiens , qui al-
loyét bufquer par les villages, & f'en reueint .   De
ce logis l'Empereur partit pour fe retirer a Thionuille, a caufe de quelque indifpofition de fa perfonne: Et a deux iours de la, Paule Baptiftc retourna autrefois de nuict fur les champs vers Theoncourt &
Creanges, pour aller fe mettre derriere les ennemis:
mais il fut mal guidé, & ne peut fortir l'execution
de ce qui auoit efté entreprins . Touteffois f'acco-
ftant plus pres du camp, trouua vingt cinq ou trente Marangeois pres d'un bois, qui dónoyent la chaf-
fe a quinze ou vingt foldats Italiens des ennemis.
Ledict Paule print les vns & les autres . Et paffant
encores plus auant, trouua que le camp eftoit def-
logé de Boulac, & f'en venoit vers les Eftangs . Il
approcha a vn demy quart de lieue de plufieurs ef-
quadrons de gents de pied & de cheual, qu'il fuyuit

vn temps. Et voyant quelques Espaignols, & aultres ſoldats ſ'eſcarter de la groſſe trouppe, les print priſonniers, & les conduiɗ a Mets.

Ce ſoir logea la caualerie de l'ennemy audiɗ lieu des Eſtangs qui eſt a trois lieues de Mets, & tout le reſte de l'armee a demie lieue par dela, ou ils ſe tindrent encores lendemain, a cauſe du mauuais temps qui les empeſchoit mener l'artillerie: mais ce ne fut ſans que Monſieur de Guyſe leur enuoyaſt ſur le iour & ſur la nuiɗ donner l'alarme, par quelques petites trouppes de noſtre caualerie, de ſorte que toute la leur fut contrainɗe ſe tenir longuement en bataille. Et les euſt on encores trauaillez plus ſouuent, & par plus grand nombre des noſtres, n'euſt eſté que la retraitte eſtoit mal ayſee, & qu'on n'euſt ſceu faire ſi petite perte, qu'elle n'euſt eſté trop grande, pour le beſoing qui ſ'appreſtoit. La nuiɗ ils enuoyerent des harquebouziers a deux ou trois cens pas de la ville, aupres d'un pót de pierre, du coſté de la grande riuiere, pour viſiter, ainſi qu'on penſe, le lieu & l'aſſiette de leur camp, leſquels furent deſcouuerts de la muraille. Et les fuſt on allé veoir de plus pres ſans l'incommodité de la nuiɗ.

Deux iours apres, qui fut le dixneufieſme d'Octobre, le Duc d'Albe, Capitaine general de l'armee de l'Empereur, & le Marquis de Marignã, Coronel des gẽts de pied Italiés, par leſquels deux la plus part des affaires ſe conduiſoyent, delibererent venir recognoiſtre la ville, & le logis qui ſeroit plus propre

pour l'affieger, eftimãts puis que la principale charge de l'entreprinfe leur touchoit, qu'auffi deuoyent
ils veoir a l'oeil tout ce qui pourroit faciliter , ou
empefcher l'execution . Ils f'approcherent a vn petit quart de lieue, auec quatorze mille hommes de
pied, quatre mille cheuaulx, & fix pieces d'artillerie
de cãpaigne, qui furẽt defcouuerts fur les neuf heures
du matin, par la guette du Clochier, & le Seigneur
de la Broffe (qui eftoit ce iour de guet hors la ville,
auec la cõpagnie de Monfieur de Lorraine) en dõna
certain aduertiffemẽt a Monfieur de Guyfe. Et ayãt
retiré fes fentinelles, commença f'approcher au pas
vers vn pont de pierre du bourg fainct Iulian, ou il
trouua de noz harquebouziers , qui eftoyent fortiz
pour le fouftenir, lefquels y attendirent la defcente
des ennemis, & le garderent affez longuemẽt. Mais
fe voyants chargér d'une grãde force par tefte & par
flanc (car a trente pas du pont , n'y auoit eaue qui y
peuft faire empefchement) commencerent fe retirer, & par le moyen du bon ordre & commandemẽt
du Seigneur de la Broffe , qui leur faifoit fouuent
monftrer vifage , & prendre de pas en pas les lieux
aduantageux , pour tirer a couuert, ils gaignerent
la faueur de noz murailles, fans qu'il f'en perdift pas
vn. De l'autre cofté, fur la porte des Alemans, defcẽ-
doyent enuiron deux mille harquebouziers Efpagnols ou Italiens, ayants laiffé la groffe trouppe a
huict ou neuf cens pas plus hault, vers les bordes de
Valieres, & leur gents de cheual vn peu a gauche en
bataille . Monfieur de Guyfe feit fortir le Seigneur

F.iii.

de Rédan, auec vingt cinq cheuaulx feulemēt, pour
les aller recognoiftre, fans permettre qu'il en fortit
d'auātage, a caufe que ceft endroit vers la mótaigne,
couuerte de vignes, n'eftoit commode a combatre
pour la caualerie. Et ayant ordonné quinze harquebouziers de chafcune enfeigne de géts de pied fe tenir prefts, auec vn principal chef des principaulx de
chafcune d'icelles, il en bailla deux cens au Capitaine Fauars, maiftre de camp pour l'aller fouftenir, &
encores le Seigneur Pierre Strozzy, pour commā-
der aux vns & aux autres, & códuire l'efcarmouche.
Ledict Seigneur de Rendan n'alla gueres auant, fans
rencontrer cefte force d'harquebouziers, qui venoit
au grād pas, en bon ordre & contenance de foldats,
pour f'attaquer aux noftres, & tira fur fa trouppe.
Touteffois il les nóbra iufques aux derniers, puis
fe retirant au pas, vers la premiere ruine de deffus la
porte des Alemans, appelee de Brimba, trouua le
Seigneur Pierre, qui le feit paffer & touts les cheuaulx plus bas vers la ville, f'appreftant auec fes harquebouziers faire tefte aux ennemis, lefquels il ar-
refta vn temps a coups d'harquebouze : mais d'autant qu'il les voyoit renforcer toufiours, & que par
les coftez commencoyent d'enuironner le lieu, il
retira peu a peu fes géts vers l'autre ruine plus baffe
& prochaine de la ville, appelee de fainéte Elizabet:
& la tenant ferme, garda que les ennemis ne paffaffent oultre, bien qu'ils en feiffent leur effort, & con-
tinuaffent harquebouzer plus de deux heures les
vns contre les autres. Encores eftoyent autres cent

ou six vingts harquebouziers, du reste de ceulx que
Monsieur de Guyse auoit ordonné, sortiz au deuant
d'autre grosse trouppe d'ennemis venuz aux vignes
sur la porte Mezelle, qui furent soustenuz, & les nostres trouuez aussi roiddes & asseurez, qu'aux autres
endroits. Ainsi s'attaqua l'escarmouche en plusieurs
lieux entre les deux riuieres, & veoyoit on touts les
coustaux & montaignes, pleins de feu & fumee de
l'escopeterie. Ce pendát le Duc d'Albe, & le Marquis
de Marignan, qui estoit descendu de sa lictiere, ou
il alloit, a cause de quelque mal de iambe, & remó-
té sur vne hacquenee, vindrent a la belle croix, d'ou
ils peurent mieulx, que de nul autre lieu, veoir le
circuit & contenu de la ville, recognoistre les com-
moditez de loger aupres, & les endroits par ou elle
se pourroit mieulx battre. Quelques Espagnols pas-
serent le bourg sainct Iulian vers la riuiere, comme
voulans sonder deux guaiz, qu'il y auoit pour passer
en l'isle, dans laquelle fut iecté vne partie de la cópagnie de Mósieur le Prince de la Rochesuryó, & quelques harquebouziers du Capitaine Sainct Houan,
pour les empescher. L'escarmouche dura depuis
les vnze heures iusques a vespres, que les ennemis
voyants ne pouuoir faire demarcher les nostres des
lieux, qu'ils s'estoyent resoluz de garder, tant s'en
fault qu'ils les peussent forcer, pour approcher la vil
le de plus pres, commécerent les premiers se retirer
vers leur grosse trouppe, & puis tous enséble a leur
camp, laissans l'auátage aux nostres, ausquels ne fut
dóné peu de louáge par Monsieur de Guyse, d'auoir

maintenu si long combat, sans estre rafraischiz ne
renforcez: la ou les ennemis l'auoyent esté par trois
fois, & tousiours de gros nóbre, & gents choisiz, cóme ceulx qui estoyent venuz preparez de ceste entreprinse, en laquelle la situation du lieu les auoit
encor fauorisez, de pouuoir venir iusques pres de
nous, couuerts par fossez & caueins. Il fut tiré des
deux costez plus de dix milles harquebuzades, & y
perdismes du nostre, le Seigneur de Marigny de Picardie, & cinq soldats, qui furent tuez sur le champ.
Les Seigneurs de Mompha, Lieutenát de la compagnie du Seigneur de Rendan, de Silly, le Capitaine sainct Aulbin, le Capitaine Soley, & son enseigne la Vaure, & l'enseigne du Capitaine Gordan, a-
uec dix ou douze autres soldats furent blessez, dont
Silly, Mompha, & la Vaure moururent dans peu de
iours. Le Seigneur de Mey Robert homme d'armes
de la compagnie de Monsieur de Guyse fut prins.
De leur costé, ne receurét moindre dommage, que
de huict ou neuf vingts hommes, entre lesquels en
y auoit de ceulx qu'ils appellent Seignalez, ainsi que
nous auons sceu depuis: Le soir mesmes Monsieur
de Guyse estant allé au lieu de l'escarmouche, trouua des paisans qui l'asseurerent auoir veu vn nombre de charrettees de morts & blessez, que les ennemis ramenoyent, oultre quelques vns qu'il veit demeurez sur la place. Nostre artillerie des voultes
des eglises, & des platesformes auoit fort tiré, mesmes des la plateforme des Rats, quelques coups de
canon & de longue couleurine dans les ruines de

ſainct Iulian, a cauſe que des Eſpagnols ſ'y eſtoyent
retirez, qui n'y feirent pourtant long ſeiour. Des ce
premier rencontre, les ennemis tindrent noz ſoldats en bonne reputation, ne leur ayants veu, pour
aucun dáger, reculer ou aduácer le pas, qu'en gents
de guerre & bien aſſeurez. Qui fut vn aduátage, lequel Monſieur de Guyſe cognoiſſoit eſtre requis,
qu'un chef, au cómencement d'une guerre, taſchaſt
le plus qu'il luy ſeroit poſſible de gaigner.

Le ſeigneur Dòn Loys Dauilla, general de la caua
lerie Eſpaignole eſcripuit lendemain vne lettre par
ſon trompette a Monſieur de Guyſe pour rauoir
vn Eſclaue, qui ſ'eſtoit venu rendre a nous, & qui,
a ce qu'il manda, auoit deſrobé vn cheual d'Eſpa-
gne, & la bourſe de ſon maiſtre. Monſieur de Guyſe
feit reſponce, que l'Eſclaue ſ'eſtoit retiré plus auant
dans le pays du Roy, comme eſtoit la verité: & quát
bien il ſeroit encor en la ville, la franchiſe qu'il y a-
uoit acquiſe, ſelon l'ancienne & bonne couſtume
de France, qui donne liberté aux perſonnes, ne per-
mettroit qu'on le peuſt rendre, bien luy renuoyoit
le cheual, qu'il auoit racheté de celuy a qui l'Eſclaue l'auoit baillé. Bon nóbre de leurs ſoldats ſe vindrent depuis rendre a Monſieur de Guyſe pour le
ſeruice du Roy, meſmement Italiens, tant a cauſe
des defaulx qui eſtoyent en leur camp, que pour la
defiance qu'ils diſoyent, les ennemis auoir d'eulx &
de leur nation, auſquels fut baillé paſſage & moyen
de ſe retirer en France, apres touteffois qu'on euſt
tiré d'eulx, ce qu'ils pouuoyent ſcauoir du faict des

G.i.

ennemis . Entre autres chofes , que le Marquis de
Marignan , eftant a la belle croix pour recognoiftre la ville , auoit dict qu'il veoit vn lieu pour faire vne belle & grande breche , & ou leur artillerie
nous pourroit garder de ramparer & de la defendre,
qui fut caufe, que Monfieur de Guyfe alla luymef-
me la hault fur la montaigne, & recogneut que ce
n'eftoit autre chofe que ce dedans du mur, d'entre
la plateforme des Rats & la tour des Charriers, qu'il
auoit auparauant affez remarqué, lequel & le pied
mefmes, eftoit veu de la montaigne, n'ayant rien
encores efté touché a la tranchee, auparauant ordó-
nee par le dedans, auec vn rampar & deux flancs: n'y
au trauerfes, qu'on auoit aduifé releuer pour le couurir, a caufe que Mófieur de Guyfe auoit mefuré, par
le temps que les ennemis feroyent cótrainds mettre a gaigner l'ifle, faire les approches, & puis la breche, qu'il auroit le loifir d'y pouruoir. En cepédant
les autres befongnes, qui fembloyent plus preffees,
ne feroyent retardees, ainfi que par fois en diuifant
il difoit entre fes plus priuez, qu'il veoit plufieurs
chofes ayants befoing de quelque remede, lefquelles il paffoit fans en faire femblant, afin de ne donner cognoiffance a touts, des foibleffes qu'il trouuoit dans la ville, & n'eftre importuné d'y faire ramparer, pour mettre les autres, ou vne partie en arriere. Il commanda touteffois deflors la tranchee &
fortification nagueres dictes, ou fut befongné tant
diligemment par noz foldats, auec la conduitte du
Vidame de Chartres, qu'en peu de temps l'endroit

fut mis en eſtat, pour eſtre defendu.

Les ennemis paſſerent trois iours ſans ſe mõſtrer en campaigne. Laquelle choſe meut Monſieur de Guyſe, d'enuoyer le Côte de la Rochefoucaud veoir ce qu'ils faiſoyent. Lequel trouua leur camp aſſis vn peu par dela Sainᷭe Barbe, a vne lieue & demie de Mets. Et apres auoir recogneu ce qu'il peut de leur eſtat, & de leur logis, ſ'en retourna en bruſlát les villages des enuirons, ou leur caualerie euſt peu trouuer du couuert. Et la nuiᷭ apres, le Seigneur Paule Baptiſte ſortit auecques quelque nombre de cheuaulx pour les aller eſueiller, lequel arriua grád matin tout aupres du camp, & donna iuſques dans le corps de garde de gents de pied Italiens. d'ou vint l'alarme ſi chaulde, que tous leurs gḗts de pied & de cheual ſe mirent en bataille. De ce temporiſement des ennemis, nous reuenoit touſiours quelque loiſir & moyen de nous fortifier : bien que la grandeur de la ville & tant de lieux foibles, qu'elle auoit, nous miſſent en doubte, auſquels on debuoit premierement entendre : a toutes aduentures lon aduiſa de commencer en pluſieurs, afin que, ſi poſſible eſtoit, l'entreprinſe des ennemis ſe trouuaſt touſiours preuenue de quelque choſe. Mais il ne tarda ſeulement que iuſques au vingtieſme du mois, enuirõ les cinq heures du matin, qu'un grand nõbre de tabourins ſe ouyt battre pour cháps, par ou iugeaſmes que leur camp approchoit. Et ſur les ſept heures, que le grád brouillart de la matinee fut tõbé, noſtre cápagnilh cõmença deſcouurir les eſquadres des gḗs de pied &

G.ii.

de cheual de leur aduantgarde : & peu apres, on les
veit apparoiftre fur le hault du Mont appelé de Chaftillon, & vne groffe trouppe de leur gens de cheual
paffa vers les bordes de Bonny, fur la porte des Alemans, fe tenir en bataille iufques que leur camp feroit logé. Et autre nombre vint courir iufques a noftre guet, pres du pont de pierre du Bourg Sainct Iulian, qu'ils trouuerent fourni de caualerie & d'harquebouziers, auffi bien & feurement accommodez
pour les receuoir, auec la faueur de noftre artillerie,
qu'en la derniere efcarmouche : mais ils f'en retournerent incontinent, fans fe vouloir attaquer. Ils cã-
perẽt fur ce mont Chaftillon, & feirent des trãchees
pour la garde de leurs pieces, qu'ils mirent a la veue
de la ville : mais fi loing, que la noftre n'y pouuoit
battre, & planterẽt deffus vnze enfeignes de gens de
pied : Eftendants leur logis iufques a Grimont par le
derriere. Et du cofté gauche iufques a la riuiere, puis
de l'autre cofté iufques au pres du bourg Sainct Iulian, qui fut caufe de remuer depuis noftre guet qui
fe faifoit là, & l'affeoir vn peu par deffus les ruines de
Brimba : & les fentinelles pofees vers la belle croix, fi
pres des ennemis, qu'ils fe pouuoyent ouyr parler :
Ne leur laiffants gaigner pays fur nous, que pied a
pied, & le plus tard qu'on pourroit.   Ce foir enuiron minuict arriuerent les deux freres de Monfieur
de Vendofme, Meffieurs d'Anguien & Prince de Cõ-
dé. Pareillement Meffieurs de Montmorancy & de
Danuille filz de Mõfieur le Cõneftable. Ils eftoyent
accompaignez de foixante ou quatre vingts Gentils

hommes, lefquels autrement ie ne nõmeray en particulier, ny auffi plufieurs autres qui auparauant &
depuis arriuerēt, de peur que l'omiffió de quelqu'un
le rendift a bonne occafion mal content. Suffira de
dire que ceulx qui fót venuz pour leur plaifir, n'ont
peu de louange de f'eftre liberalement offers a vn tel
danger, comme celuy de ce fiege fe reprefentoit,
mefmes que ou depuis il a efté queftion de combatre, ils fe font fort vaillammēt portez, & ou de ramparer, ils ne f'y font aucunement efpargnez.

Eftans les chofes en ces termes, Mófieur de Guyfe
voulut purger la ville des perfonnes fuperflues pour
l'efpargnement des viures, & ordonna a la gendarmerie renuoyer leur train & bagage en leur garni-
fons accouftumees, fans retenir que deux vallets &
deux cheuaulx de feruice pour homme d'armes, &
vn vallet & vn cheual pour archier, régeant la caualerie legiere felon l'ordre des archiers. Et aux gens
de pied de dix en dix vn goiat, & fix cheuaulx feulement en chafcune bande: Il feit auffi remóftrer aux
habitans de la ville, qu'il leur feroit mal aifé de fouftenir l'effroy, peine, ennuy, & autres dangers qu'un
lóg fiege a accouftumé d'apporter, & que le peu d'ex
perience de telles chofes, les rendroit plus toft in-
commodes, que vtiles au feruice de la ville. A caufe dequoy feroit befoing que la plus part fe retiraffent en quelque ville de France, ou ils ne feroyent moins bien receuz, qu'en leurs propres maifons, ou bien au Duché de Lorraine, & autres pays
alliez du Roy, laiffant feulemét en la ville les gents

G.iii.

de guerre qu'il auoit pleu au Roy y enuoyer pour la
garder, & portaſſent auec eulx, ſi bon leur ſembloit,
leur or, argent, vaiſſelle, bagues, ioyaulx, linge, & au
tres meubles, ſinon ceulx que eulx meſmes co-
gnoiſtroyent, les gents de guerre logez chez eulx,
ne ſ'en pouuoir paſſer. Et quant aux viures & autres
biens, qu'ils ne vouldroyent remuer, ils les miſſent
en quelque lieu ſeur, & en baillaſſent vn inuentaire
aux Seigneurs de Piepapé, & de ſainct Belin, Cómiſ-
ſaires des viures, qui donneroyent ordre de bien con
ſeruer le tout, & qu'il ne ſe trouueroit rien de pery a
leur retour. Ceſte remonſtrance faicte, beaucoup de
gentilshommes, eſcheuins, bourgeois, chanoines,
preſtres, religieux, & autres perſonnes ſe retirerét es
lieux, ou ils eſtimoyét ſe pouuoir mieulx accómo-
der : mais encores en demouroit il trop grãd nóbre.
Dont Monſieur de Guyſe en feit faire vne deſcri-
ption de touts, & enrooler a part enuiron douze cés
hommes de trauail, comprins charpétiers, maſſons,
& ouuriers de fer, pour mettre tát aux rampars, fortifications, que au ſeruice de l'artillerie. Soixante ou
quatre vingts chanoines, preſtres, ou religieux, pour
continuer es Egliſes le ſeruice de Dieu. Et auſſi des
armuriers, mareſchaulx, boulengiers, cordonniers,
chauſſetiers, & autres artiſans, certain nombre limi-
té de chaſcú meſtier, duquel lon ne ſe pouuoit paſſer, en faiſant election des plus gents de bien & des
plus experts, & mieulx garniz d'eſtoffes, pour ſub-
uenir aux neceſſitez de gents de guerre. Et par ex-
pres les barbiers, chirurgiés, eſquels il feit aduancer

de l'argent, pour se fournir de drogues & vnguents
requis a la cure des blessures. Le surplus qui n'a-
uoyent billet de ceste retenue, eurent commandemét de vuider la ville dás lendemain. Encores pour
l'ordre de ceulx qui demeuroyent, defendit a toutes
personnes de ne sonner aucune cloche pour quelque occasion que ce fust, sinon la gráde du Beufroy
aux alarmes, feu, ou retraitte du soir, & deux horlo-
ges, a cause de la grandeur de la ville, ou lon ne se
pouuoit passer de moins, dont encor en commit la
charge a des soldats fideles. Et que les citoyens a
peine de mort, n'eussent a sortir hors de leurs maisons, quád l'alarme seroit par la ville: & si c'estoit de
nuict, qu'ils eussent a iecter de la lumiere a leurs fe-
nestres ou portes. D'auantage pour plus grande seureté, qu'un nombre de soldats seroit en garde iour
& nuict, par les places & carrefours de la ville. Et le
Preuost des mareschaulx, auec trente ou quarante
hallebardiers se promeneroit ordinairemét par tout,
afin qu'a toute heure & de touts costez, se trouuas-
sent gents prests, pour appaiser les desordres qui
pourroyent suruenir, & se saisir de ceulx qui entreprendroyent les faire. Oultre ce, pour euiter inconuenient de peste, ou autre mortalité, qui pourroit
estre causee par mauuais air, fut commandé au
mesme Preuost, prendre quelques pyonniers, cheuaulx & tombereaux, afin de purger souuent la ville, iecter les charongnes & autres immondices dehors, & faire tousiours tenir nettes les rues. Pour-
uoyant, quant aux soldats, qui pourroyent tomber

malades de bleſſures, ou a cauſe des gardes de nuiĉt,
& couruees qu'il leur fauldroit faire a la pluye & au
froid, qu'ils ſeroyent retirez en vn hoſpital, & illec
penſez, ſeruiz & traiĉtez de tout ce qui leur feroit
beſoing. Pareillement les pyonniers en vn autre
hoſpital, ſ'ils venoyent eſtre bleſſez ou malades, tra-
uaillant aux rampars, ou en autres ſeruices pour la
defence de la ville.

Et lors Monſieur de Guyſe feit le departemēt des
murailles par quartiers aux Princes & Capitaines
pour les defendre, quãd l'affaire viédroit. Premierement a Meſſieurs d'Anguien & Prince de Códé, depuis la porte Sainĉt Thibaud iuſques a la riuiere de
la Seillé. A Móſieur le Prince de la Rocheſuryó tout
le bas pont des Barres iuſques a la tour des Charriers. A Monſieur de Nemours depuis les Grilles du
Grauier iuſques a la tranchee du Seigneur Pierre
Strozzy. A meſſieurs le grand Prieur Marquis d'Albeuf, & lediĉt Seigneur Pierre, depuis ladiĉte tranchee iuſques aux moulins de la Seille. A Meſſieurs
de Mótmorácy, de Dãuille & de Gounor tout le retranchement & quartier demouré hors d'iceluy. Au
Duc Horace entre les portes Chãpeneze, & de Sainĉt
Thibaud. Au Vidame de Chartres depuis la tour de
Charriers iuſques a Pontiffroy. Au Conte de la Roche Foucault, la plateforme de la porte a Mezelle.
Puis les compaignies de meſſieurs de Guyſe, de Lorraine, & du Signeur de Rendan, ordonnees a la place du Change, pour ſ'y rendre aux alarmes a pied,
la picque au poing. Et par tout des gents de pied, ſe-

lon que le befoing y feroit plus grand, leur ayant e-
ſté diſtribué en chaſque bande, vn nombre de corfelets & morions, qui auoyent eſté trouuez aux Cha-
ſteaux des portes, & autres lieux de la ville. Et oultre, fut commandé aux Mareſchaulx des logis, auec
certain nóbre de gentilshommes de chaſcune com-
paignie, ſe promener a cheual par les quartiers, auſſi toſt que l'affaire ſuruiendroit, pour prédre garde a
toutes choſes, & remedier aux ſoubdains inconueniens qui pourroyent aduenir.

Les ennemis tindrent ce logis du Mont Chaſtil-
lon iuſques au dernier du mois, & cependant le Duc
d'Olſten, les Seigneurs d'Ayguemont, de Brabançon, & du Boſſu arriuerent auec la caualerie & gents
de pied qu'ils amenoyent des pais bas. Et vne nuiĉt
quelque nombre de leurs harquebouziers furent
enuoyez dans l'iſle, recognoiſtre le quartier d'entre
les deux riuieres de la Mozelle & de la Seille, ou lon
auoit craint, qu'ils dreſſaſſent vne de leurs batteries.
Il faiſoit ſi grande pluye, que les noſtres ne les pouuoyent veoir : mais les entendants au bruit & au
marcher, leur tirerent force harquebouzades, & ne
leur donnerent le loiſir & moyen de recognoiſtre
tous les endroiĉts qu'ils euſſent bien voulu : Lendemain nonobſtant le mauuais temps, nous commé-
ceaſmes encores vne grande tranchee, & vn bon rápar derriere, au ioignant de l'autre qui a eſté nagueres diĉt, depuis le recoing de la tour des Charriers,
iuſques a l'encongneure de Pontiffroy, afin de
mettre tout le quartier de ceſte Iſle en defence, au-

H.i.

quel, a la verité, n'y auoit rien, que la feule muraille,
fans aucun flanc, ny foffé qui valluft gueres mieux,
que de n'en auoir point. La nuict d'apres vint aduer-
tiffemét, que lon auoit veu vn nombre de pionniers
befongner a vne tranchee au bord de la montaigne
de d'Ezirmont . Et qu'il y auoit vn peu plus en derriere huict pieces d'artillerie attelees, en quoy nous
iugeafmes, qu'on les vouloit loger a la belle croix,
pour tirer dans la ville : ce que nous feit efforcer a
l'aduancemét des tranchees & autres couuertes qui
fe faifoyent pour n'eftre veuz de la montaigne.

Durant que les ennemis feiournoyét fur l'haultu-
re de Mets, noftre caualerie les alla fouuent veoir,
mefmes vn iour Paule Baptifte, auecques vn bon
nombre, courut iufques a leurs tentes, & ramena
cét cheuaulx de leur artillerie qu'il print, & n'en laiffa gueres moins de tuez fur le lieu . Vne autre fois le
Vidame de Chartres fortit fur le chemin des foura-
geurs, pour veoir f'ils alloyent aux viures fans efcor
te, ou fut tué, prins, ou bieffé bon nombre d'hommes & cheuaulx . Les ennemis le cuydans furprendre & enfermer, vindrent gaigner l'entredeux de la
ville & de luy: Mais ayãt efté bien penfé de fa retraitte , trouua le pont de Magny fur la Seille refaict,
qui auparauant auoit efté rompu, afin que les ennemis ny paffaffent : Et fe retirant par la, eut loifir d'a-
mener deux chariots attelez de bõs cheuaulx, chargez de gerbee. Ainfi chafcun iour fe faifoit du dommage aux ennemis, prenans foldats, marchans, cheuaulx, mulets, & gaftant les viures que lon leur ame-

noit. Quelques gents de cheual des leurs defcen-
doyent au pied du mont Chaftillon, le long de la
riuiere, a la faueur des gents de pied logez pres du
bourg Sainct Iulian. Mais c'eftoit fans arrefter, a caufe que noftre artillerie y battoit, & mefmes y tua
quelque perfonnage de qualité, auec ce que Monfieur de Guyfe mettoit touts les iours vne compagnie de cheuaulx legiers & quelques foldats en l'ifle,
pour toufiours garder que l'etree & les guais ne fuffent recogneuz. Et ceulx la leur tiroyent d'un bord
de la riuiere a l'autre, pour n'eftre gueres large. A
caufe de quoy les ennemis mirét deux pieces fur vn
coing de montaigne, pour tirer a noz gents, comme
ils feirent fouuent: mais nonobftát elle ne fut aban-
donnee, ny eulx entreprindrent le gaigner.

Le penultime du mois fe prefenterent douze ou
quinze cens cheuaulx, & vn gros bataillon de gents
de pied bien armez du cofté de la porte Mezelle,
lefquels feirent contenance d'eftre la, plus pour efcorte du Duc d'Albe, & des Marefchaulx du camp,
qui poffible eftoyent venuz recognoiftre ce quartier de pais & les cómoditez d'y loger, que pour venir a l'efcarmouche, & ne la voulurét attaquer auec
la compagnie de Monfieur de Nemours, que le Sei
gneur Paule Baptifte auoit menee ce matin en garde, tout aupres du lieu ou ils eftoyent: comme auffi
ne feirent ils auec le Conte de la Rochefoucaud, qui
vint auec la fienne, & auec tréte autres Gentilshommes, & quelque nombre d'harquebouziers, releuer le
Seigneur Paule apres midy.

H.ii.

Lédemain au poinct du iour, les bādes Espagnol-
les, Italiennes, & quelques regiméts de Lanſquenets
cōmencerét a marcher vers la ville, pour venir gaigner le logis de la belle croix,& leurs géts de cheual
plus auāt a main droitte ſur la porte Mezelle,hors tou
teſfois la portee du canō, auquel lieu ils ſe tindrét en
bataille iuſques a tāt que les géts de pied fuſſent aſſiz:
qui ne le peurét eſtre bié toſt, a cauſe que les ſoldats
de la garde de Monſieur de Guyſe, auec tréte autres
leur allerét cōmécer l'eſcarmouche, qu'ils maintin-
drét longuemét & de grād'aſſeurāce, puis feirét leur
retraitte ſi ſeure, qu'il n'en y eut que l'un d'eux bleſſé. Ce logis des ennemis occupa tout le quartier depuis la belle croix, iuſques a la riuiere de la Seille a
main droitte. Parquoy fut beſoing remuer encores
noſtre guet de cheual,a Sainct Arnoul,& vers le pōt
de Magny, entre les deux riuieres. La nuict leurs
piōniers,qu'ils auoyét en nōbre d'enuirō cinq mille,
qu'on auoit amené des pais bas,& deux mille de Bo
heme, Autriche & Tirol auec l'artillerie,feirét vne trā
chee ſur le bord de la mōtaigne,a main gauche de la
belle croix,tirāt vers le bourg Sainct Iuliā,enſemble
des trauerſes,pour y pouuoir eſtre mieulx a couuert
de noſtre artillerie qui eſtoit ſur les egliſes, laquelle
tiroit ſouuét pour les empeſcher: mais non encores
tant que Monſieur de Guyſe euſt voulu, a cauſe que
quatre pieces de ſept, dont lon auoit cōmécé a tirer,
ſ'eſtoyét eſuétees, & n'oſoit on plus les charger qu'a
demi,meſmes quelque fois nous en ſeruions autant
pour leur faire peur du bruit, que les endōmager de

l'effect: touteffois ils ne furét efpargnez des menues
pieces & faulcôneaux es endroits qu'on les peuft def
couurir. Lédemain ils meirét cinq enfeignes de géts
de pied a cefte tranchee, pour la garde de quelques
pieces qu'ils y auoyét logees la nuict, defquelles pieces ce iour & celuy d'apres, ils cômencerét tirer dâs
la ville:mais noftre diligence auoit defia conduict fi
hault noz trauerfes & autres couuertures, qu'on fi
pouuoit affez feuremét tenir. Vn de noz harquebou
ziers a cheual, monta iufques a la tranchee, tirer de
grande affeurâce aux ennemis, puis fe retira tout au
pas fans fe hafter, mefmes pource que la defcente e-
ftoit roide, print le loifir de mettre pied a terre, &
mener fon cheual a main. Et fur les vnze heures du
foir eftâts vingt ou vingtcinq de noz foldats fortiz,
pour aller recognoiftre leur tranchee, vferét de telle
diligence, qu'ils cuiderét furprédre les fentinelles du
camp. Puis montans pour harquebouzer & donner
coup d'efpee a ceulx de la garde, gaignoyent vne de
leurs enfeignes, f'ils euffent efté encores autant. A la
fin faifans leur retraitte vers la ville, furent fuyuiz
d'un nombre d'Efpagnols & Italiens, qui defcendi-
rent affez pres de la porte fainéte Barbe, criâs Efcal-
le Efcalle:ce qui dôna bien peu d'effroy a la ville, n'e-
ftât gueres fubiecte au danger de l'efchelle. Touteffois la fentinelle du clochier, a caufe du bruit, feit l'a-
larme:dequoy Monfieur de Guyfe marry, commâ-
da que dela en auât, la cloche n'euft a fonner, finon
pour la retraitte du foir, & que l'alarme fe donneroit
par des Tabourins aux quartiers qu'elle furuiédroit.

H.iii.

On s'esmerueilla, pourquoy le Duc d'Albe & Marquis de Marignan, voulurent laisser ce logis de la belle croix, auquel ils auoyent mis peine de s'accommoder, & desia faict des tranchees, estant le lieu fort a propos pour eulx, s'ils eussent voulu donner l'assault du costé de l'isle, ou par le quartier demouré hors du retranchement, d'ou nous auions assez doubté. Mais il est possible, qu'en considerāt mieulx le dedans de la ville, ils cogneurent que la fortification de ce costé, estoit en meilleur estat qu'ils n'auoyent cuidé, & que la plateforme des rats estoit paracheuee, pour battre dans l'isle, & rendre malaisees les approches. Aussi que la tranchee depuis celle plateforme, iusques au recoing de la tour des Charriers, estoit desia faicte, auec son rampar & trauerses, qui est tout l'espace (entre les deux eaues de la Mozelle) qu'ils pouuoyent descouurir de la montaigne : d'auātage la courtine de terre & deux bouleuars du retranchement, estoyét en si bonne defence, que quāt ils auroyent beaucoup trauaillé a gaigner ce qui estoit de par dela, ils seroyent encores a recōmencer. Ou bien que nostre artillerie & faulcōneaux des platesformes & lieux haults, leur portassent grāde nuisance. Quoy que soit, le second iour de Nouembre, ils deslogerent secretement sans sonner tabourins, & osterent de bonne heure leur artillerie, faisans encores paroistre les enseignes sur la trāchee, lesquelles a la fin peu a peu, & comme si le vent les eust ab-

batues, les retireret, mais non fi finemét, que Môfieur
de Guyfe ne fen apperceuft, ayát defia enuoyé quinze ou vingt foldats, pour en recognoiftre la façon de
plus pres, qui furent fuyuis d'aucuns autres: & arriuerent de fi bonne heure, qu'ils furprindrent de leurs
gens dans les loges & tranchees, dont ils en tuerent
aucús, en amenerent prifonniers d'autres, & trouuerent dequoy faire butin d'armes, de cheuaulx, d'habillements & viures. Le Seigneur Pierre Strozzy fut
enuoyé iufques la, auec deux cens harquebouziers,
qui vit la verité du deflogement, & que vne groffe
trouppe d'Alemás eftoit plus auát en la plaine, mar-
chant en bataille, fur laquelle il enuoya la moitié
des fiens defbandez, mefmement ceulx qu'il eftima
plus difpofts, lefquels fapprocherent a cinquáte ou
foixáte pas, couuerts de quelques hayes, & tireret fou
uét dans eulx, les preffans fi fort, qu'ils les contraigni-
rét trois ou quatre fois tourner le front du bataillon,
pour leur courir fus: mais les noftres fe retiroyent au
pas, vers le Seigneur Pierre, ayáts toufiours l'oeil fur
les ennemis, lefquels ne fe remettoyét fi toft en leur
ordre pour marcher, que ceulx cy retournoyét leur
faire nouuelle recharge, & en cefte façon, conduirent ces Alemás prefque d'un logis a l'autre, foubs la
faueur & rafraifchiffemét que le Seigneur Pierre leur
faifoit, gaignant toufiours derriere eulx l'auantage
des lieux pour les fouftenir. Beaucoup d'autres foldats, & auffi des géts de cheual, feftoyent defrobbez
pour aller a l'efcarmouche, & en plufieurs lieux e-
ftoyent venuz aux mains auec les ennemis, mef-

mes auec aucuns qui auoyét ia paſſé le pont de Magny, vers lequel quartier, la moitie de la compagnie
de Monſieur de Nemours eſtoit en garde, & le Duc
Horace ſuyuy de quelques autres gentilshommes, y
auoit accouru, qui combatit & donna coup d'eſpee.

Monſieur de Guyſe, voyát qu'un grád nombre des
ſiens eſtoit dehors, & que la chaleur du combat les
auoit attirez bien loing, voulut aſſeurer la retraitte
des vns & des autres. A ceſte cauſe il ſortit huict ou
neuf cens pas hors la ville, auec ſix cens cheuaulx, ou
aſſembla encores le plus de corſelets qu'il peut pres
de luy, allant ſa perſonne retirer ceulx qui auoyent
marché iuſques la, ou les harquebouziers eſtoyent,
& les vint mettre tous en bataille, au pres des gens
de cheual: puis pour ramener le tout en lieu de plus
gráde ſeureté, commanda maintenant a vn tiers de
gents de cheual, marcher tout bellement trente pas
vers la porte Mezelle, puis a l'autre tiers ſ'aller ioindre aux premiers : & de meſmes aux gents de pied,
pendant que le reſte monſtroit viſage. Ce que fut
faict par quelques diuerſes fois, de ſorte que faiſant
touſiours vne grande teſte vers l'ennemy, il les euſt
menez pres de la retraitte, auant qu'on cogneuſt
qu'il les vouluſt retirer. Puis laiſſant la gendarmerie
a gauche, de la porte Mezelle ſoubs la conduitte de
Monſieur le Prince de la Rocheſuryon, & la caualerie ſoubs la conduitte de Monſieur de Nemours a droitte, pres de la montaigne, retourna au
lieu de l'eſcarmouche, & quaſi auſſi toſt vingt ou
vingtcinq cheuaulx des noſtres qui alloyent gai-

gner le hault, pour veoir la contenance des enne-
mis, furent chargez d'un gros nombre de caualerie: dont fe retirans vers la noftre, Monfieur de Nemours leur feit faueur, de s'aduancer vingt ou tren-
te pas, comme pour aller charger les ennemis, lefquels s'arrefterent & s'en retournerent fans fuyure
plus auant. Cependant Monfieur de Guyfe donna
ordre au rafraifchiffement & renforcement de noz
harquebouziers, aduifant ceulx qu'il y enuoyoit,
prendre leur aduátage: & faifoit quelque fois chan-
ger de place aux vns, retiroit les autres, quád il eftoit
befoing: puis tournoit vifiter la gédarmerie, & ores
la caualerie, leur ordonnant ce qu'ils auoyent a faire: ce que fut continué iufques a la retraitte du fo-
leil, que noz gents feirét la leur, n'yáts receu dómage que de cinq ou fix foldats: & le Capitaine Mau-
geron & Bueil y furent bleffez.

Les ennemis camperent celle nuiĉt au pont de
Magny, & demoura le Seigneur de Brabançon auec
trois regimêts de haults Alemans, vn de bas, & trois
mille cheuaulx, au lieu de Grimót, en la colline derriere le mont Chaftillon, ou il a toufiours demeuré
durant le temps du fiege: que depuis on a toufiours
appelé le camp de la Royne Marie. Apres minuiĉt
nous arriuerent encores vingt cinq ou trente gentilshommes venants de Verdun, qui furent les tref-
bien receuz, mais de lá en auant on ne peut entrer
dans la ville, qu'a bien grande difficulté.

Le matin, tout le cáp paffa la riuiere de Seille, fur
le pót de Magny: & eftát le Seigneur de Rédan auec

I.i.

sa cõpagnie sorty pour la garde vers ce quartier, ne peut mieulx faire que de se retirer, voyant en quelle force les ennemis venoyét, lesquels auoyét mis deuant cinq ou six cés harquebouziers desbádez, auec mille autres qui les suyuoyét, & bon nóbre de géts de cheual a leur costé, marcháts tousiours sans s'amuser a l'escarmouche, que noz géts leur vouloyét attaquer, & puis vingt cinq ou tréte enseignes d'Alemans en bataille, pour en cest ordre gaigner les abbayes de Sainct Clemét, de Sainct Arnoul, & autres lieux cómodes a loger. Les nostres ne s'y osants arrester, de peur d'y estre inuestiz, se vindrét ranger pres des ruines de Sainct Pierre, dans lesquelles s'allerent iecter enuiró quatre vingts de noz harquebouziers pour y faire teste, & mesmes pour passer plus auant en la campagne escarmoucher vne trouppe de leur géts de pied, qui couloyét le long des iardins, comme pour venir encores gaigner ce lieu de Sainct Pierre : mais ils ne s'approcherent gueres, bien que les nostres les allassent cercher, seulement furent tirees quelques harquebouzades des vns aux autres.

De ce lieu de Sainct Pierre noz soldats feirét depuis si bóne garde, plus de dix iours durát, que les ennemis ne s'en peurent preualoir, iusques a ce que leurs tráchees venoyét desia coupper le chemin de la ville, & lors on les retira : depuis vne partie des Italiens, qui estoyét a Sainct Andrieu, y vint loger.

L'armee campa a Sainct Clement, quelque nóbre d'Espagnols a Sainct Arnoul, certaines bádes de bas Alemás au pont de Magny, Don Loys d'Auilla auec la caualerie Efpagnolle a la maladerie, Le Marefchal de la Morauie auec les cheuaulx Bohemois a Blery, le demeurât a Olery, a Sainct Priech, a la grange aux dames, a la grange aux merciers, & autres lieux a l'enuiron.

Iufques alors, les autres quartiers de la ville nous auoyent donné tant d'affaire, que en ceftuy cy de la porte Sainct Thibault, iufques a la porte Chãpeneze, n'y auoit efté faict autre chofe que la plateforme de l'encoingneure Saincte Glocine. Mais ce iour lon commença vn rampar au tenant de l'eglife des Auguftins, de vingt & quatre pieds de large, iufques au recoing de la chapelle des prez, ou le Duc Horace print charge d'y faire befongner, & y feit fi bóne diligéce, qu'en fept ou huict iours, le terrain fut haulfé a trois pieds du Parapect de la muraille: cefte haulteur y eftoit neceffaire, pource que ceft endroit, quand il euft efté battu, eftoit fi bas, que de plufieurs lieux les ennemis euffent efté a caualer de la breche. Et pource que le foffé n'y valloit rien, lon meit incontinent gens a le creufer par le milieu, en forme de tranchee, de huict ou dix pieds de large, pour puis apres le réplir des efgouts de la ville. Laquelle chofe fut commife au feigneur Dantraigues, qui en feit tel debuoir, qu'il ne paffa iour fans y defcendre, pour y employer le trauail des pionniers. En mefme iour, commença lon remplir la tefte du bouleuart de la porte Champeneze, de terre graffe & argilleufe, fort propre a ramparer, que lon defcouurit aux foffez, laquelle encores on mouilloit, a caufe

que le temps eſtoit lors chault & venteux, qui la ſei-
choit incontinent: lon enuoyoit querir de la facine
hors la ville, par dela les ponts, pour eſpargner, tant
que lon pourroit, celle qui ſe pouuoit trouuer dans
les iardins & clos de la ville, & aux iſles plus voiſines.

Les ennemis commencerent du premier iour remuer terre, a main droicte du chemin de la ville a
Sainct Arnoul, & y feirent vn caualier, qu'ils eurent
gabionné & dreſſé dans quatre iours, pour ſept ou
huict pieces, qu'ils n'y logerent pas ſi toſt. Et ſeule-
mēt de deux, qu'ils auoyēt mis au coing de l'abbaye
de Sainct Arnoul, tirerent vers la petite terraſſe des
Auguſtins, ou nous auions deux menues pieces, qui
leur donnoyent de l'ennuy.   Ce iour, a quelque occaſion, les ennemis enuoyerent vn trompette vers
Monſieur de Guyſe, bien aduiſé de tomber en propos pour compter du ſiege de Hedin, & comme les
François l'auoyent rendu au Seigneur du Rhu, chef
pour l'Empereur en l'armee qui eſtoit deuant. Et
auſſi la prinſe de Monſieur le Duc Daumalle, par le
Marquis Albert de Brandebourg. Ie penſe bien que
ce n'eſtoit pour nous en cuider faire plaiſir.

En ces entrefaictes fut deſcouuerte l'entreprinſe
du baſtard de Fontanges & de Clauieres ſoldats de la
compagnie du capitaine Bahuz, qui auoyent quelque praticque auecques l'Empereur, laquelle du cō-
mencement, ils auoyent faict ſemblāt mener auecques le ſceu de Monſieur de Guyſe: par le moyen dequoy, on eſperoit ſ'en preualoir, mais il fut trouué,
qu'ils auoyent incliné du coſté de l'ennemy, & faict

d'autres menees, qu'ils auoyent celé a Monſieur de
Guyſe bien dommageables au ſeruice du Roy, meſmes ſoubs couleur de faire entrer vn ſimple ſoldat
dans la ville, y auoyent mis vn ingenieux de l'Empe
reur. Ils furent retenuz priſonniers: Et peu apres, ledict Clauieres mourut de maladie, de qui la teſte fut
miſe ſur la porte de Champagne: Et le baſtard ayant
confeſſé la verité du faict, executé a la fin du ſiege.
Vn eſpion ſurprins alentour des rampars, qui eſtoit
entré pour faire rapport aux ennemis des lieux ou il
ne verroit rien de fortifié, fut ſur l'heure meſme de-
faict en la grande place.

Apres que les ennemis ſe furent logez dans Sainct
Arnoul, vn iour quelques harquebouziers & autres
ſoldats des leurs, furent veuz vis a vis de la porte S.
Thibault, auſquels le Seigneur de Rendan fut com-
mádé aller faire vne charge, auec tréte cheuaulx de
ſa cõpagnie, & fut permis aux Contes de Martigues
& de la Rochefoucaud, aux Seigneurs de Clermõt,
de Suze, & deux Ruffecs eſtre du nombre. Quand ils
ſe furét appreſtez, Monſieur de Guyſe les retint encores dás le bouleuart de la porte Champeneze, par
laquelle ils debuoyent ſortir, pour laiſſer touſiours
aſſeurer & approcher les ennemis, iuſques a ce qu'il
veit l'heure a propos. Et lors leur feit ouurir la porte, les aduertiſſant de charger a main gauche, par ce
que le lieu eſtoit plain & plus commode pour gents
de cheual, ce que tout a vn coup ils feirent, ſi bien,
qu'ils ſurprindrét ces harquebouziers, qui eſtoyent
dans le chemin, les rompirent, & en feirent demeu-

I.iii.

rer quelques vns sur la place. Le Conte de la Rochefoucaud s'adressa a vn, lequel monstrant asseurance
de soldat, l'attendoit auecques la harquebouze, & le
blessa en la main, mais aussi il ne faillit pas d'estre
porté mort par terre. Le demeurât qui peurent gaigner de vistesse l'abbaye, se sauuerent. Cependant, le
Capitaine Caubios, ayant seul faict vne charge dans
les vignes, sur autres harquebouziers qui estoyent a
main droitte, fut abbattu mort d'un coup de harquebouze qu'il receut en la teste, & fut la perte que les
nostres receurent a ceste saillie.

Or voulut Monsieur de Guyse, a cause que les ennemis s'estoyent tournez vers cest endroit des portes Champeneze & Sainct Thibault, s'en approcher,
& deslogea de la maison de sire Iehan Droin, qui est
en la grâde place, pour venir a Saincte Glocine, afin
d'estre a toute heure sur le lieu, ou l'affaire & le plus
grand danger se preparoyent. Deslors il ordonna,
que pour garder les ennemis de venir iusques a l'a-
uantporte Champeneze, au costé du Bouleuart, vn
des arceaux du pont de pierre (car n'y en auoit de le-
uiz) seroit abbattu, couppant le pillier qui le souste-
noit, comme le semblable auoit esté faict a celuy de
la porte aux Alemans, sans laisser de sept portes qu'il
y auoit en la ville, que les trois du pont des Mores,
Pontiffroy, & a Mezelle pour s'en seruir, les quatre
autres terrassees & condamnees.

Le deuxiesme iour apres, qui estoit le cinquiesme
du mois, il enuoya le Seigneur Paule Baptiste auec
quarante ou cinquante sallades, entre le grâd camp,

& celuy de la Royne Marie, eſſayer de faire quelque
choſe de bon ſur l'ennemy. Et eſtant arriué au lieu
ou luy ſembla deuoir mettre ſon imboſcade, enuoya le ſeigneur de Nauailles auecques les coureurs
deſcouurir plus auant, ſ'il y auoit rien en campagne : Et luy cependant, aſſiſt des ſentinelles ſur les
coſtez, afin de n'eſtre ſurprins. Noz coureurs rencontrerent les ennemis bien forts, qui leur donnerent la charge : & eulx ſe voulants retirer, les ſentinelles vont en ceſt inſtát deſcouurir a main droitte,
& a main gauche ſept ou huiĉt cens cheuaulx, qui
venoyent a toute bride pour leur coupper chemin,
& les empeſcher de ſe reioindre a leur trouppe. Dót
ſe voyants enfermez, ſe reſolurent tourner viſage
ſur ceulx qui les ſuiuoyent, comme ils feirent, & les
repoulſerent aſſez loing : ſoubdain refeirét la charge
ſur la groſſe trouppe de piſtoliers, qui deſia eſtoyent
entre eulx & lediĉt Paule : & paſſerent par force tout
a trauers, executants ceulx qui ſe trouuerent en chemin. Le Viconte de Riberac y cuida demeurer priſonnier, mais il fut recouuert. Cependant lediĉt
Paule Baptiſte, auec tout le reſte, auoit accouru a
leur ſecours, & les ayant recouuerts, ſe retira le pas,
auec la perte ſeulemét d'un des ſiens, qui fut bleſſé,
& lequel depuis mourut.

Apres que les ennemis eurét faiĉt ce caualier, que
nous auons diĉt a droiĉt du chemin de Sainĉt Arnoul, ils en commencerent vn autre pour ſix pieces
a main gauche, & vne tranchee au pied d'iceluy, tirant vers la porte Sainĉt Thibaud, par ou feiſmes

iugemét, que leur effort se pourroit addresser entre
celle porte & la porte de Champagne : au ioignant
de laquelle, pour ceste occasion fut entreprins vn
nouueau rampar, iusques a la plateforme de l'encoigneure Saincte Glocine : & aduisé que le Parapect de ladicte plateforme, laquelle auroit beaucoup
a souffrir, seroit renforcé d'un quatriesme rang de
gabiós, auec encores douze pieds de ceste terre gras-
se & argilleuse des fossez, de crainte que quelque
grand batterie nous en chassast : & nous voulions
sauuer, s'il estoit possible, deux canonniers qui
estoyent par costé, afin de seruir de flác au long de la
muraille vers la porte Sainct Thibaud. Encores
n'ayants assez d'asseurance en cela, il fut ordonné de
faire vne nouuelle plateforme en celle encoigneure mesmes, derriere l'autre, par dedans la muraille,
pour a toutes aduentures nous en seruir, si estions
contraincts quitter celle de deuant. Oultre cecy, il
restoit plus de soixante & dix toises de muraille foible, & mal pourueue de fossé, entre les deux portes,
depuis l'eglise Sainct Gengoulf, au bout de ladicte
encoigneure, iusques a la chappelle des prez, ou
Monsieur de Montmorácy eut charge de faire trauailler les gents de pied, ausquels departit la besongne par bandes : & y dónerent si soubdain aduancement les vns a l'enuy des autres, par la solicitation
qu'il leur en faisoit, que leur trauail de deux iours,
porta incótinent monstre d'une sepmaine. Aussi en
l'encoigneure ou ce rampar venoit ioindre celuy
du Duc Horace, furent ouuertes deux canonnieres

haultes & deux baſſes, pour flanquer les deux cour-
tines. Et aux deux coſtez de la porte Champeneze,
dans la faulſebraye, furēt commencez deux maſſifs
de terre, pour ſeruir, tant d'eſpaule a garder que l'entree du portail ne fut veue du canon, comme auſſi
de deux flancs, pour battre de lōg des faulſeſbrayes:
Dans leſquelles on feit d'aduātage vne tranchee par
le milieu, de huiɕt pieds de large, a loger des harquebouziers pour les defendre.

Lon pouuoit deſia cognoiſtre, a quel train ſe re-
duiſoyent les choſes de ce ſiege : de quoy Monſieur
de Guyſe, voulant donner aduis au Roy par le Seigneur Thomas Delueche, lequel pour autres occa-
ſions il auoit auparauant enuoyé deux fois vers luy,
aduiſa de le deſpeſcher ceſte troiſieme fois, le huiɕt-
ieſme de Nouembre, auecques bien amples inſtru-
ɕtions de tout ce qui touchoit le dedans de la ville,
& de ce qu'auoit eſté iuſques lors apprins du dehors:
faiſant entēdre, cōme l'armee de l'Empereur ſ'eſtoit
arreſtee deuant Mets, & deſia obligee y continuer le
ſiege. Dont le Roy pourroit employer ſes forces au
recouuremēt de Hedin, ou en tel autre endroit, que
ſon ſeruice le pourroit mieulx requerir : ſans ſe in-
commoder de rien, pour la haſte de nous venir dōner ſecours, encores de dix mois: ayant dedās la munition, dequoy nourrir les gens de guerre iuſques a
la fin d'Aouſt enſuyuant : cognoiſſant au reſte tant
de cueur & vertu en ce nombre de gēs de bien, qu'il
auoit aupres de luy, & tant d'affeɕtion en ſon ſeruice, qu'il eſperoit, auec la grace de Dieu, ſi bien gar-

K.i.

der la place, qu'elle ne feroit emportee par force, dequoy le Roy eut trefgrand contentement : mefmement que de la part de Monfieur de Guyfe, d'ou fe
deuoit attendre la requefte d'auoir fecours, venoit le
confeil, de l'employer a quelque autre entreprinfe
pour le bien de fes affaires. Et deflors le Roy defpefcha Monfieur l'Admiral auecques vne partie de fes
forces, vers Môfieur de Vendofme en Picardie, pour
reprendre le chafteau de Hedin, côme l'entreprinfe
en eftoit defia faicte, dont f'en enfuyuit l'effect que
depuis on a veu.

Ce iour f'eftoit paffé, & fe paffa encores lédemain,
que les ennemis ne mirent aucune piece fur leurs
caualiers, bien continuoyent leurs tranchees vers
Sainct Thibault. Et fouuent noz foldats fortirent
pour efcarmoucher ceulx qui eftoyent dedans en
garde, & recognoiftre ce qui f'y faifoit. Auffi de noz
murailles on tiroit fans ceffe toutes les nuicts auec
harquebouzes a croq & a main, la ou fe pouuoit entendre qu'ils befongnoyent : mefmemêt le neufief-
me du mois, fur les huict heures du foir, que, pour la
doulceur du temps, on les oyoit fort clairement remuer terre, & approcher leurs tranchees vers la ville. Et a demie heure de lá, les ennemis nous falue-
rent de cinquante fix coups de leur artillerie dans
la ville, & aux parapects des murailles, pour endommager les noftres, qui leur tiroyent : touteffois il n'y
eut perfonne attaint. Peu apres le Capitaine Cornay & Sarlabou furent enuoyez auecques quarante
foldats, veoir f'ils conduifoyent quelques pieces a

leurs caualiers : mais les tranchees se trouuerent si
renforcees & pleines de gets, qu'ils se contenterent
pour ce coup de leur donner seulement l'alarme, &
les faire descouurir, pour leur tirer de la muraille.
Celle nuict & la nuict d'apres, les ennemis logerent
quatre canons, ou doubles canons sur le caualier de
main gauche.   Et le dixiesme du mois, sur les sept
heures du matin, commencerent battre le chasteau
de la porte Champeneze, qu'ils percerent assez bas,
pres du portail, a l'endroit ou il n'estoit le plus fort.
Lendemain feste de Sainct Martin, sur le commencement du iour, continuerent en mesme endroit, &
ayants abbatu l'un des deux tourrions, qui estoit au
dessus du chasteau, & laissé l'autre prest a tomber, cō-
mencerent battre la tour carree prochaine de ceste
porte, tirant vers l'encoigneure Saincte Glocine, &
Monsieur de Guyse, l'allant visiter par le dehors en
la faulsebraye, fut en grand danger d'estre emporté
d'un coup de canon, & se trouua tout couuert d'esclats, mais la prouidence de Dieu le nous preserua.
Ils continuerent iusques a la nuict, qu'ils veirent a-
uoir fort ouuerte ceste tour aux deux estages par le
dehors, & par mesme moyen battirēt aux defences
de l'Eglise des Augustins, & a la plateforme de l'E-
glise Sainct Thibault.

Les deux iours d'apres, ils tirerēt en batterie quatre cens soixante & seize coups au bouleuart de la
porte Champeneze, qu'ils endommagerent beaucoup, & y feirent iour & breche par dessus le cordon, nonobstant qu'il eust l'espesseur de dixhuict

pieds: mais on y portoit toufiours beaucoup de terre des foffez, & n'y auoit Prince ou Capitaine qui f'y
efpargnaft. Le Seigneur de la Palice y fut frappé d'un
efclat par la tefte, dont depuis ne profita, & mourut.

De noftre plateforme Sainéte Marie on tiroit a
leur caualier & a leurs pieces, & en furét defmontees
deux par noftre double canon : mais bien toft l'une
des clauettes d'iceluy commença fortir dehors, parquoy fallut de lá en auant l'efpargner. Auffi vne des
deux grandes couleurines que nous auions, f'efclata
par le bout, enuiron vn pied & demi : non point
qu'on luy euft baillé trop grande charge, mais pour
eftre de matiere fi aigre, que ne pouuoit endurer le
demy de ce qu'il luy falloit : Monfieur de Guyfe la
feit fcier, & f'en feruit on depuis affez bié. Il delibera lors faire refondre quelques pieces, pour en faire
de meilleures neufues : a l'occafion dequoy, affem-
bla quelques canonniers & autres qui auoyent veu
autrefois conduire des fontes, & leur commit du
commécement faire vne couleurine & vne baftar-
de, pour (auecques ceft effay) f'affeurer de leur experience, & de ce qu'ils fcauoyent faire, a fin que fi lon
f'en trouuoit bien, il leur baillaft apres plus de befongne.

Vn peu auparauant ces chofes, le Marquis Albert
auoit mis fin a fes fimulations, & apertement mon-
ftré la mauuaife volunté qu'il auoit au feruice du
Roy : Car par vn matin, il auoit auec touts les fiens
changé l'efcharpe blãche en rouge, & depuis rame-
né fon camp aupres de la ville : Dont le treziefme

du mois, vint auecques toutes ſes trouppes deuant
le pont des Mores, pour ſe camper ſur le mont de
l'Abbaye Sainct Martin, au pied duquel, ſes gents de
pied ſe tindrent quelque temps en bataille, & ſa caualerie plus auant en la plaine, entre ce pont & le
Pontiffroy, auecques des pieces de campagne, qui
battoyent ſouuent & menu aux iſſues, & le long de
l'un & de l'autre. Le Capitaine Gordan eut commandement de ſ'aduancer, auecques quarante harquebouziers de ſa compagnie iuſques a la croix par
dela le pōt des Mores, pour eſcarmoucher deux ou
trois cens Alemans, qui eſtoyent pres de lá, contre
leſquels il ſe mainteint bonne piece, ſans leur laiſſer gaigner aucun aduantage. Ce pédant Monſieur
de Guyſe cōmanda au Capitainé Cantelou de ſ'y en
aller auec autant de ceulx de ſa bande. Lequel eſtát
ſorty, le Capitaine Gordan retira les ſiens, a vne petite tranchee ou rauelin ſur le bord du pont, tant
pour les rafraiſchir, que pour ſouſtenir ceulx cy au
beſoing : leſquels quand les ennemis veirent bien
aduancez, ils feirent paſſer la croix a ſoixante cheuaulx piſtoliers des leurs, qui ſe vindrēt meſler dans
eulx, mais les noſtres ne perdans aſſeurance, tirerent
chaſcun ſon coup, meſmes le Seigneur de Sombarnon, qui eſtoit a pied auecques la harquebouze, abbatit mort vn des premiers, & n'y eut gueres coup
des autres, qui ne fut bien employé, puis changeants
leurs harquebouzes en l'autre main, prindrent les
eſpees, ſe ioignans aupres de Cantelou, lequel d'une
halebarde tua le cheual de celuy qui eſtoit le plus

K.iii.

aduancé: & ſe retirants au pas iuſques au bout du
pont, le demeurant des noſtres les ſouſtindrent a
coups de harquebouze, & contraignirent les ennemis de repaſſer la croix, qui ne fut ſans laiſſer bri-
ſees en chemin, de morts & de bleſſez de leur trouppe, ſans ce que les noſtres receuſſent aucun dommage: ſinon ainſi qu'ils eſtoyent ſur le pont, leur artillerie tua vn de noz harquebouziers, & auoit tué vn
homme d'Egliſe, qui regardoit l'eſcarmouche par
deſſus les murailles.

Ainſi qu'il ſe faiſoit tard & leurs gents de cheual
veirent le camp deſia aſſiz, ils commencerent faire
marcher leurs pieces vers ſainct Martin, & eulx ſuy-
uoyent au pas, ayants laiſſé deux ſentinelles a cheual, aupres du Potiffroy : mais ſoubdain le Seigneur
Paule Baptiſte auecques quaráte cheuaulx, ſortit ſur
eulx : Et noz coureurs, en baillant la chaſſe a ces ſentinelles, feirent remettre leur camp en bataille, &
leurs gents de cheual tourner: leſquels ſe tenans ſerrez, ne ſe deſbanderent iamais pour venir charger
les noſtres, qui tenoyent l'eſcarmouche large, comme Monſieur de Guyſe leur auoit commandé, iuſques a ce que le Seigneur Paule, ayant veu vn nombre de fourrageurs, qui venoyent a leur camp deuers Thionuille, auoit enuoyé ſur eulx dix ou douze autres des ſiens, qui les executerent, & mirent le
feu a des charrettes de fourrage : dont les ennemis
pour leur donner ſecours, y coururent a toute bride, mais la promptitude des noſtres les y feit arriuer tard. Ce faict, le Seigneur Paule ſ'approchant

vers la ville, pour estre desia nuict, se retira sans a-
uoir rien perdu. Ce troisiesme câp du Marquis nous
osta la liberté de la campagne, qui nous restoit par
dela la Mozelle tirant vers France, nous priuant par
mesme moyen, de la commodité d'auoir nouuelles
du Roy, ne luy pouuoir faire entendre des nostres.

Or estoit aduenu depuis le temps que les ennemis estoyent approchez de la ville, que le Marquis
de Marignan, scachant le trompette de Monsieur
de Nemours estre en leur camp, pour y auoir ra-
mené quelque prisonnier Espagnol, l'enuoya querir, & luy demanda du portement du Duc Horace,
de qui il auoit espousé la tante, & qu'il desiroit fort
parler a luy, en lieu seur: ou s'il ne vouloit venir en
personne, le prioit qu'il enuoyast quelqu'un des siés
parler a luy. Ce propos fut entendu de Monsieur de
Guyse, & du Duc Horace, esquels sembla n'estre le
temps de parler a l'ennemy : car desia y auoit quelques pieces sur la tranchee de la belle croix, pour
battre dans la ville.   Depuis, iceluy mesme trompette fut retenu en vne escarmouche, blessé d'un
coup d'espee, & mené es mains du general de la caualerie de l'Empereur, qui luy feit bon traictement:
Et monstrant estre marry côtre ceulx qui l'auoyent
blessé, sans obseruer le deuoir de la guerre, l'enuoyä
au Marquis de Marignan, qui estoit pour lors logé a
l'Abbaye Sainct Arnoul: lequel incontinent mit ordre d'estre seul en sa chambre auec le trompette, &
luy demanda la responce que luy auoit faict le Duc
Horace sur le propos de l'autre fois, dont entendant

qu'il n'auoit eu charge de luy en porter aucune, le
renuoya fans l'enquerir lors plus auant : Mais dans
vne heure apres, prenant nouuel aduis, le feit autrefois venir vers luy, & en paroles braues commé-
ce a dire, qu'il fcauoit bien, que la ville n'eftoit fi forte, qu'elle ne fe peuft prendre aifeement. Et confi-
derant de noftre cofté, la perte de tant de Princes,
Seigneurs, Capitaines, & autres gentilshommes &
gens de bien qu'il y auoit dedans : lefquels les Efpagnols & Italiés ne pourroyent fauuer des mains des
Alemans & Bohemois, qui leur portoyent haine
prefque auffi grande qu'aux François. Auffi que le
Roy eftoit defnué d'argent, & fans moyen de nous
donner fecours. Et que de leur cofté, l'Empereur e-
ftoit vieux, maladif, & luy (parlant ledict Marquis de
foymefmes) goutteux, auec volûté de fe retirer maintenant fur le dernier de fon aage a repos en fa maifon, defireroit grandement, que quelques bons termes d'accord fe peuffent mettre en auant entre ces
deux Princes : A caufe dequoy, il prioit de nouueau
le Duc Horace, trouuer moyen qu'ils fe peuffent af-
fembler : ou au moins, qu'il feift venir quelqu'un de
fes fideles feruiteurs, capable pour conferer de telles chofes auecques luy, & qu'il pourroit encores
dreffer vn expedient d'accommoder le faict de Parme, chofe qui touchoit l'eftat du Duc Octauie Farnez, frere du Duc Horace. Ce difcours peut faire
penfer, que les chefs du camp de l'Empereur veoyét
defia l'entreprinfe de Mets forte, ou bien f'atten-
doyent faire valoir les nouuelles de telle affemblee,

ſi elle ſe fut faicte, vers les eſtrágiers, pour le moins,
vers les Princes & villes de l'Empire, afin de les y eſ-
chauffer d'auátage. Auſſi que par le moyen de quelque eſperance, ils oſtaſſent a leurs ſoldats vne partie
de l'ennuy & malaiſe qu'ils auoyent a ſouffrir: comme deſia au camp de la Royne Marie ſe ſemoit, que
nous auions demandé a parlementer. Surquoy fut
aduiſé, pour la premiere fois, que le trópette retourneroit en leur cáp, & que le Marquis le feroit pour
meſme occaſion venir vers luy, qu'il feroit inſtruit
de reſpódre en ceſte ſorte, C'eſt que n'auoit oſé porter vn tel propos au Duc Horace, ſans le faire premierement entendre a Monſieur de Guyſe, lequel
oyant mettre en compte & en rang de pitié ceulx de
la ville comme perduz, luy auoit dict, qu'il ne ſou-
uenoit point au Marquis, qu'il fuſt dedás, n'y tant de
gents de bien en ſa compagnie: eſtants touts, depuis
les Princes, iuſques aux ſimples ſoldats, en eſtat de
ne ſouffrir aucun mal, comme ceulx qui n'auoyent
faulte de viures, d'artillerie, munitions de guerre,
d'argent, n'y d'un bon & grand maiſtre, qui les auoit
pourueuz de toutes choſes, pour faire receuoir honte a ceulx qui les vouldroyent aſſaillir. Et puis qu'il
cófeſſoit que ſon maiſtre eſtoit vieux & caduque, le
d'euſt auoir conſeillé ſe contenter de ſes fortunes
paſſees, ſans ſe venir a ceſte heure heurter a noz mu
railles, ou il verroit plus toſt le bout de ſa vie, qu'il
n'arriueroit au bout de ſon entreprinſe. Que le peu
d'amitié que les Alemans & Bohemois portoyét aux
Eſpagnols & Italiens, ne touchoit en riens les Fran-

L.i.

çois, estant vn chascun de nous mis hors la puissance des vns & des autres, auec ce que les Alemans n'a-
uoyét occasion porter haine a nous, qui estions entrez en guerre pour leur liberté: mais eulx qui les
auoyét pillé, & mené la guerre en leur pais, pour les
opprimer & reduire en seruitude, auoyét a y péser:&
ne se tenir pour bié asseurez, estáts entre leur mains.

Les termes de ceste respóce conuenoyét fort bien
a ceulx que le Marquis auoit tenuz, par le moyen
desquels Mósieur de Guyse rompoit la broche a tels
parlemést:touteffois il en aduertit le Roy, asseurant
bien, que si les ennemis le pressoyét, apres cecy, qu'il
respondroit n'auoir charge, que de bien garder la
place. Le trompette fut despesché soubs pretexte de
porter vne responce au prince de Piedmond, sur ce
qu'il auoit mandé a Monsieur de Nemours luy ap-
prester a disner, & que le dimanche apres, le viédroit
manger en son logis, comme s'ils s'asseuroyent de
prendre ce matin la ville. Mais les ennemis pour
quelque cósideration, que n'auons descouuerte, ne
voulurent laisser passer le trompette a leur corps de
garde, qui fut cause qu'il sen retourna.

Ils trauailloyét cependant iour & nuict a estendre
leurs tranchees & les réforcer, pour y pouuoir loger
vn gros corps de garde, comme ordinairemét ils les
fournissoyent de seize enseignes pour le moins. Et
encores craignáts les saillies des nostres, y feirét des
defences en façon de petits bastiós, pour battre tout
du long, enquoy ils meirét beaucoup de téps, lequel
cepédant nous employós a ráparer dans la ville, mes-

mement au bouleuart de la porte Chãpeneze, ou la
batterie s'eſtoit cõtinuee de ſix ou ſept cẽs coups de
canon ou double canõ,depuis le treziefme du mois,
iuſques au dixſeptieſme a dix heures,qu'ils y eurent
faiɔt quarãte pas de breche, par ou le terrain de derriere leur apparut, qui leur feit de la en auãt ceſſer la
furie d'y tirer, & ſeulemẽt employerẽt en cinq iours
enſuyuãs iuſques au vingtroizieſme du mois,enuirõ
cinq cẽs coups de canõ de loing a loing aux defẽces.

L'un deſdiɔts iours ſur vne apreſdiſnee,furẽt veuz
plus de trois cens hommes des ennemis , ſ'amuſer a
cueillir des herbes & naueaux aux iardins , qui ſont
au long de la riuiere de la Seille , n'ayans armes que
leurs eſpees.Monſieur de Guyſe feit ſortir les Capitaines la Faye & Touchepres , Lieutenant & enſeigne du Conte de la Rochefoucaud,auec trente cheuaulx , & le Capitaine Lanque , auec vingtcinq harquebouziers par la porte Mezelle,pour les aller char
ger : leſquels ayants paſſé le pont que Monſieur le
Conneſtable auoit faiɔt faire de ce coſté ſur la Seille , les coureurs ſ'aduancerent charger les ennemis,
& leur baillerent la chaſſe iuſques a l'Abbaye Sainɔt
Clement,ou eſtoit la teſte de leur camp,qui eut l'a-
larme, & ſortirent plus de douze cens harquebouziers ou corcelets , ſans ordre, ny perſonne qui leur
commandaſt , crians apres les noſtres, & ſe laiſſants
attirer iuſques au Capitaine la Faye , auquel cependant,Meſſieurs le Marquis d'Albeuf & de Montmorancy, qui ſ'eſtoyent deſrobez de Monſieur de Guyſe , & douze ou quinze gentilshommes de leur ſuit-

L.ii.

te , s'eſtoyent venuz ioindre : toute la trouppe feit
ſemblâr ſe retirer auec les coureurs, puis tout a coup
tourna, & chargeâts viuemét ce grâd nôbre d'ennemis qui les ſuyuoyét en deſordre, les contraignirent
prendre la fuite, & les chaſſerét iuſques au bord d'un
foſſé plein d'eaue , qui de fortune ſe trouua en chemin , lequel garda les noſtres de paſſer dela , pour
ſuyure l'execution iuſques dans les tentes: car autre
choſe ne ſ'eſtoit preſentee , qui les en euſt peu garder. Cependant les moins diſpoſts furent mal trait-
tez. Plus de deux mille Eſpagnols & Alemans, ſe iet-
terent incontinét en campagne, deuant leſquels les
noſtres ſe retirerent au pas, a la faueur du Capitaine
Fauars maiſtre de camp, qui eſtoit (auec les harquebouziers de la garde de Monſieur de Guyſe, & de ſa
bande) dans les ruines de Sainct Pierre , & auſſi des
harquebouzes a crocq , dont la muraille eſtoit bien
fournie, qui arreſterét les ennemis: & cependant les
noſtres rentrerét dans la ville, auec la perte ſeulemét
d'un ſoldat, & du Capitaine Cornay, Lieutenant dudict Fauars , qui fut bleſſé, & apres mourut. Au lieu
duquel ſon frere fut depuis ſon Lieutenant.

Et pource qu'on ſ'attédoit bien, que les Eſpagnols
de la garde des trâchees, aumoins bône partie, cour-
royent a l'alarme, Môſieur de Guyſe auoit mis le Seigneur Pierre Strozzy dans le foſſé de la porte Cham
peneze, auec quarâte corcelets, cent cinquante harquebouziers, des bâdes de Cantelou, Pierre longue,
Choqueuze, & vingt cheuaulx de la compagnie du
Seigneur de Rendan , pour donner ſur la garde des

Italiens du bout de la tranchee, vers la grande riuiere, lors qu'il verroit les ennemis plus eschauffez de
l'autre cofté. ce qui fut bié obferué: & tout premier,
il enuoya cinquante harquebouziers, lefquels allerent d'affeuráce recognoiftre la mine de ces Italiés,
qui la feirent bonne, & ramenerent les noftres iufques au bord du foffé, d'ou defcocha incontinent le
refte de noz géts de pied, enfemble vingt autres gen
tilshommes fortiz pour leur plaifir, auec l'efpee & la
rondelle : & peu apres fuyuit le Seigneur de Rendan
auec fes cheuaulx, ayant touteffois donné quelque
efpace a ceulx cy de f'aduancer . Les ennemis entreprindrent faire tefte quelque temps a leurs corps de
garde, mais ils furét enfoncez, & fans que les noftres
en fauuaffent qu'un prifonnier, executerent le demeurát tant qu'ils peurét, iufques a les tuer de leurs
dagues. Et ayants faict ce qu'auoyent entreprins, demeurerent encor pres d'un quart d'heure fur le lieu,
nonobftát que les ennemis f'engroffiffent toufiours
de ceulx qui venoyent de l'autre efcarmouche, puis
fe retirans au pas, fonnant le tabourin, & tirát toufiours fur ceulx qui les fuiuoyent, rapporterent dans
la ville vn grád butin d'armes, qu'ils auoyent gaigné
aux tráchees, fans auoir perdu que trois foldats: dót
le ieune Harbouuille en eftoit l'un . Ouarty y fut
bleffé, & le cheual du feigneur de Rédan receut deux
harquebouzades & vn coup de halebarde.

Monfieur de Guyfe f'eftoit ce iour mefme fouue-
nu, en quelle façon & effort les ennemis eftoyét venuz, lors qu'ils auoyent couppé chemin, & mis au

L.iii.

milieu d'eulx les coureurs du Seigneur Paule Baptiste, & auoit ordóné que la compagnie de Monfieur
de Lorraine, celle de Monfieur de Nemours, & cinquante harquebouziers du Capitaine Sainct André,
fortiroyent entre les deux camps, foubz la conduitte
des Seigneurs de la Broffe, & Paule Baptifte, les vns
par la porte Mezelle, & les autres par l'ifle, afin que
les ennemis n'en peuffent recognoiftre le nombre,
lefquels f'eftáts tous renduz en vn fond pres la belle
croix: enfemble Meffieurs le Prince de Condé, Duc
de Nemours, Duc Horace, grand Prieur de France,
de Danuille, & plus de cent autres gentilshommes,
que Mófieur de Guyfe ne voulut empefcher fortir,
cognoiffant le lieu, ou il les auoit cómandé fe mettre, affez eftroit pour n'eftre combatuz que d'un
cofté. Nauailles partit d'auec eulx auec quaráte cheuaulx, & alla battre le chemin bien auát. Le Marquis
d'Arembergue Brabançon, les ayant defcouuerts,
feit incontinent monter grand nombre des fiens a
cheual, & menant encores des géts de pied, cóman-
da quaráte piftoliers f'aduácer pour fe mefler auecques les noftres, afin qu'il peuft venir a temps pour
les deffaire. Nauailles lors en faignát auoir crainte,
print la cargue fi longue, que les ennemis cuidans
n'y auoir imbofcade, le fuyuirent iufques au pres de
noftre trouppe, ou il feit tefte: Et nonobftant les
gros nombre de cheuaulx & gents de pied qui fui-
uoyét, noz Princes & Gentilshommes allerét donner dedás, & fe meflerent fi bien, qu'apres les lances
rompues, ils donnerent coups d'efpee. A la fin les

ennemis se retiräts de leur costé,& les nostres aussi le petit pas vers la ville,auec dix ou douze prisonniers, laisserét le Capitaine Sainct André,& ses harquebou ziers sur la queue,qui garderét bien que les ennemis n'entreprinsent de suyure plus auant . Monsieur de Guyse estät a la porte pour les recueillir,auec ce bon visage qu'il möstroit tousiours a ceulx qui reuenoyét de la guerre, eut grand plaisir,& döna louäge a chascun,selon le rapport de ce qu'ils auoyent bien faict.

Ce iour mesmes le Marquis Albert, auoit mis ses gents aux champs, deuant les ponts de la grande riuiere , & faict separer toutes les enseignes, se mettant chascune en rang , qui nous feit iuger n'estre pour autre chose,que pour faire la monstre. Et lendemain sur les trois heures apres midy, Saincte Geme Lieutenant du Seigneur de Gounor sortit par Pontiffroy auec quarante cheuaulx , & alla donner (durant vne grande pluye qu'il faisoit)iusques dans le camp du Marquis, ou ayant faict de l'execurion, courut vers Sainct Heloy, sur des fourrageurs qu'il despescha , & print quelques cheuaulx de bagage, dequoy l'alarme fut si grande en leur camp, que se mettäts touts en armes, a enseignes desployees suyuirent noz géts iusques pres du pont, non sans perte de quinze ou vingt des leurs, sans qu'un seul des nostres y demeurast: seulement Saincte Geme fut blessé, mais depuis il est guary, & quelque cheuaulx rapporterent des tronçons de picque en la teste.

Monsieur de Guyse considera,que le cas aduenät, qu'il y eust breche raisonnable du costé de la bat-

terie, & que ceulx du camp vinſſent a l'aſſault, le
Marquis pourroit eſſayer faire quelque brauade du
coſté de ſon camp, afin de nous trauailler & embeſongner de pluſieurs endroits, & par tant ordonna,
que les portes des ponts ſeroyent fortifiees, ou n'y
auoit aucun pont leuis, comme en nulle des autres
portes de la ville. Monſieur le Prince de la Rocheſuryon voulut auoir la charge de ceulx cy, & les feit
bien terraſſer, laiſſant ſeulemét le paſſage de la Poterne, pour vn homme a chéual, afin de ne priuer
nouſmeſmes de la commodité de noz ſaillies, &
haulſa vn petit rampar au rauelins, pour y pouuoir
eſtre a couuert de l'artillerie du Marquis, qu'il tenoit
ordinairement braquee pour y battre.

Trois iours apres, qui fut le dixneufieſme du
mois, Monſieur de Guyſe cómandà au Seigneur de
Biron prendre trente cheuaulx de la compagnie de
módict Seigneur le Prince, & au Seigneur de la Faye
tréte autres de celle, dont il eſtoit Lieutenant, pour
aller, l'un donner vne alarme par le pont des Mores
au camp du Marquis: & l'autre par Pontiffroy ſur les
fourrageurs & eſcorte qu'ils auoyent. Et que ſe retirants, ils prinſſent garde comme ils ſeroyét ſuyuiz,
& quels paſſages il y auoit, afin qu'une autrefois (ve-
nát mieulx a propos) lon y peuſt faire vne belle entreprinſe. Le Seigneur de Biron ſortit le premier
par le pont des Mores, ſ'eſtáts les Seigneurs de Duras, Dachon, de Mortamar, de Sainct Sulpice, & Ná-
toillet meſlez dans ſa trouppe, enſemble le frere du
Capitaine Lanque, auec quatre ou cinq harquebou-

ziers de ſa compagnie.Huiçt cheuaulx des ennemis,
qui eſtoyent en ſentinelle derriere la croix du bout
du pont, voulurent a toute bride gaigner le camp,
auſquels le Guydon de la compagnie de Monſieur
le Prince, qui menoit les coureurs, bailla la chaſſe
iuſques aux têtes d’un de leurs Regimés, qui logeoit
en la plaine, au pied du mont Sainçt Martin, & ſor-
tans ſur luy cinquante cheuaulx, qui faiſoyét la garde entre les ſaules du chemin de Sainçt Heloy, il at-
tendit les plus auancez, & rompit ſa lance, portant
par terre vn,qui fut tué ſur la place. Bon nombre de
piſtoliers vindrent encores du camp a la foule, ſe
ioindre a ceulx cy,& tous enſemble ſuyure noz coureurs,leſquels le Seigneur de Biron receut, & faiſant
teſte, repoulſa les ennemis plus de ſoixante pas, ou
la plus part des noſtres rompirent leurs lāces, armes
que Monſieur de Guyſe eſtima,du lieu d’ou il regardoit l’eſcarmouche, eſtre biē fort craintes de ces piſtoliers : Il en demeura encores vn autre des leurs,
mort : Et ſe retirant le Seigneur de Biron au pas,
monſtrant chaſque fois viſage, delibera ſouſtenir les
ennemis, qu’il veoyoit retourner auec leurs piſto-
lets,& les chargea ſi a propos,qu’il leur feit monſtrer
le dos,& print vn nommé Hans Moufel,homme de
qualité,priſonnier. Encores a la fin que noz gés ſ’approchoyent du pont, les autres ſe trouuans renforcez du nombre de ceulx qui eſtoyent venuz a la file,
qui eſtoyent enuiron ſix vingts, entreprindrent les
enfoncer : mais les noſtres eſtans bien ſerrez, refei-
rent la troiſieſme charge, & les contraignirent gai-

M.i.

gner au pied si loing, qu'ils eurent puis apres loisir
faire leur retraitte au pas, sans empeschemēt ny perte d'un seul homme, estant tout le dommage tombé sur cinq ou six cheuaulx. L'artillerie du Marquis
auoit tousiours tiré: mais a cause que les pieces estoyēt
sur le hault, & ne pouuoyent plonger iustemēt dans
noz gents, ne les peut endommager.

Ainsi que Monsieur de Guyse receuoit d'un bon
visage ceulx cy sur l'entree du pont, louant leur conduitte & valeur, le Capitaine la Faye arriua auec
sa trouppe, ayant longuement attendu a Pontiffroy,
par ou il deuoit sortir, & ne pouuant finer des clefs,
estoit venu cercher yssue par cest autre pont. Faisans doncques ceulx qui entroyent l'argue, ces autres sortirent recommencer le combat, enuoyans
sept ou huict coureurs tous premiers, lesquels trouuerent la charge bien pres: car ce gros nombre de
pistoliers reuint de grāde furie sur eulx, dont la Faye
pour soustenir & retirer les siens, donna dedans, &
voulut la fortune, que les nostres, apres auoir donné
coup de lance & d'espee, se peussent touts desmesler
pour regaigner le pont, a la faueur d'un nombre de
noz soldats harquebouziers, qui auoyent accouru
celle part. Le Capitaine Fayolles, enseigne de la cōpagnie du Seigneur de Rédan, & vn harquebouzier
a cheual y furent blessez, & depuis en moururent.

Du costé des tranchees, les ennemis n'auoyent
cessé de les conduire tousiours plus auant, vers la
porte Sainct Thibauld, & en auoyent commēcé depuis deux iours vne nouuelle, plus pres de la murail-

le au pied de la potance, qui eſt deuant l'encõgneu-
re Saincte Glocine, & mené quaſi au ioignant du
rauelin de la porte Sainct Thibauld, comme pour y
loger des harquebouziers, par ou ſe confirma l'opinion de ceulx qui auoyẽt iugé, qu'ils nous battroyẽt
de ce coſté, & fut mis lors le feu aux eſtãçõs des egliſes de Sainct Thibauld & des Auguſtins, qui ioi-
gnoyẽt la muraille, au deſſoubs la porte Sainct Thibauld, leſquelles nous euſſent beaucoup empeſché,
& auons ſceu que les ennemis eurent grand deſplai-
ſir, quand ils les veirent ruiner.

Et pource qu'aucuns de noz rampars auoyent eſté
leuez a plomb, malaiſé que du pied on peuſt defendre le deſſus, a cauſe de leur haulteur, ſur laquelle
euſt encores eſté plus dangereux ſe tenir, il fut aduiſé, qu'on y adiouſteroit vn terrain en taluz, qui les
renforceroit, & ſeruiroit de mõtee aux gẽs de guerre, iuſques a pouuoir combattre main a main, & le
demeurant leur feroit parapect pour ſe couurir.
Mõſieur de Guyſe vn matin feit ſortir ſainct Eſtephe
Lieutenãt du Capitaine Abos auec quinze ou vingt
harquebouziers, pour aller recognoiſtre celle nouuelle tranchee, & n'y fut trouué perſonne en garde,
a cauſe (comme on peut penſer) que eſtant encores
eſtroitte, on ny pouuoit loger grand nombre de ſol
dats pour la defendre.

En telle façon qu'a eſté dict, ſ'eſtoyent paſſees les
choſes de ce ſiege du coſté des ennemis, & du noſtre
iuſques au vingtieſme de Nouembre, que l'Empereur arriua en ſon camp, lequel eſtant venu depuis

M.ii.

Thionuille en lictiere, monta a l'approcher sur vn
cheual Turc blanc, & visita son armee, laquelle se
mit toute en bataille, reserué les seize enseignes de
la garde des trãchees, & furent faictes trois salues de
touts les harquebouziers tãt de pied que de cheual.
Ensemble de l'artillerie, ce que nous denonça assez
sa venue, & ayant soustenu vn quart d'heure la peine
d'estre a cheual, vint descẽdre au logis du Duc d'Albe, en vn petit coing eschappé du feu dans l'Abbaye
Sainct Clement, attẽdant que le Chasteau de la Orgne appartenant au Seigneur de Thalanges, pres de
Magny, fust accoustré, ou il logea durant le siege.

En ceste sorte, le plus grand Empereur qui fut iamais esleu en Alemaigne, & auquel sa sagesse & la
fortune auoyent iusques a cest heure maintenu le
nom de victorieux, se trouua deuãt Mets, auec quatorze Regimens de sept vingts & trois enseignes de
Lansquenets, compté celles du Marquis Albert, &
auoyẽt esté leuees a la façon & nombre de gents ac-
coustumez d'Alemaigne, dont ne fault estimer, que
ne fussent bien complettes, venans fraischement de
leur pais. D'auantage vingt & sept enseignes d'Espagnols, Seize d'Italiẽs, & Neuf a Dix mille cheuaulx,
adiouxtãt encores ceulx de son cãp iusques a Douze mille, oultre sa court & la suitte de beaucoup de
grands Princes d'Alemaigne, d'Espagne & d'Italie,
qui estoyẽt venuz auecques luy. Cent quatorze pieces d'artillerie, Sept mille pionniers, Tresgrãde munition de pouldres & boulets, & vne plus abondãte
prouision & commodité de viures, qu'on ait iamais

veu en armee d'hyuer . Nous eftimafmes lors eftre
vray ce que Don Garcilaffo da vegua, & Don Alon-
ço Pimentel Gentilshommes Efpagnols , deuifants
auecques le Seigneur de Biron en vne Ifle par deffus
le pont des Mores, auoyét dict, que les forces de ceft
armee eftoyét plus grãdes de quinze mil hommes,
qu'autre que l'Empereur eut iamais affẽblé par deça.

Il eft a croire, que fon arriuee porta nouueau confeil d'entreprẽdre la ville par autre endroit, que celuy auquel ils auoyent defia bien aduancé leurs trãchees. car lendemain ils menerent des pieces au caualier de main droicte du chemin de Sainct Arnoul,
duquel ne feftoyent encores feruiz: & commencerent remuer terre de ce cofté, au champ appelé de
Papane, tirant a la grande riuiere, ayants poffible eu
aduertiffement, par quelques vns de la ville qui e-
ftoyét en leur camp, qu'il ny auoit rien de ramparé
entre la porte Champeneze & la plateforme Saincte
Marie,comme lon ne fy eftoit encores preparé,que
d'un commencement d'abbattre maifons au long
de la muraille. Et fault attribuer a la grand'diligence
qu'auoit efté mife de fortifier les lieux plus foibles,
ce defaduantage aux ennemis , d'auoir efté contraincts venir par celuy que nous eftimions le plus
fort. A quoy, les pourroit bien auoir encores inui-
té la commodité du logis, & l'affiette du lieu, affez
hault & a propos pour y battre en caualier,& l'ayfan-
ce du foffé, fans eaue & fans grãd empefchemẽt d'y
pouuoir defcendre pour venir a l'affault. Comment
qu'il foit, leur plus grãde entreprinfe tourna de celle

M.iii.

part. Dequoy Monſieur de Guyſe eut lédemain aduertiſſement, venant de leur camp: & feit auſſi tourner noſtre plus grand trauail a fortifier celuy endroit, ou ce qu’eſtoit deſia abbatu d’edifices, nous
feit grand bien, attendu le grand nombre qu’il y en
auoit, lequel falloit tout mettre par terre, prendre le
pied du rampar bien bas, & luy dóner beaucoup de
largeur, afin qu’il peuſt ſouſtenir la haulteur & l’eſpeſ
ſeur ou il le falloit conduire, pour arreſter le coup
de canon, lors que (la muraille oſtee) les ennemis le
viendroyent battre, qui n’eſtoit ſans grande difficulté, a l’occaſion de pluſieurs caues, leſquelles ſe retrou
uoyent par la ou le rampar deuoit paſſer, par ou fuſ-
mes contrainęts eſtançonner les planchiers, afin
qu’ils ne defailliſſent ſoubs la peſanteur de la terre.
Les plus grands, iuſques aux moindres, mirent la
main a l’œuure iour & nuięt, ſi diligemmét, qu’il fut
bien toſt cogneu, que noſtre trauail preuiédroit celuy des ennemis : leſquels touteſſois nous monſtrerent le deuxieſme iour apres ſur le matin, vn grand
nombre de gabions plantez a ſoixante ou quatre
vingts pas de noſtre foſſé, en ce champ de Pepane,
ou ils auoyent deſia mis ſept ou huięt pieces d’artillerie, deſquelles, auec celles des deux premiers caualiers, tirerent en batterie le vingtroiſieſme du mois,
enuiron trois cens coups au pan du mur, & trois
tours des Waſſieux Ligniers & de Sainęt Mihel, entre la porte Champeneze & la plateforme Sainęte
Marie.

Sur les veſpres, pource que les ennemis faiſoyent

semblant de besongner tousiours aux trãchees deuers la porte Sainct Thibauld, pour nous tenir en la
crainte d'une seconde batterie, comme ils nous a-
uoyent souuent menassez, Monsieur de Guyse enuoya Sainct Estephe & Des champs, Lieutenãts des
Capitaines Abos & Cantelou, auec soixante soldats
pour veoir ce qu'ils y faisoyent, ou d'arriuee, les nostres gaignerent plus de cent cinquante pas de tranchee, tuans ceulx qu'ils y peurent surprendre, & les
garderent plus de demie heure par force, iusques a
ce que, ce faisant tard, & arriuant gros nombre d'ennemis fraiz pour la garde de nuict, les nostres se retirerẽt, sans qu'il y eut perte que d'un soldat. La nuict
les ennemis continuerent planter autre nombre de
gabions, & dresser vn autre caualier dans la vigne
appelee des Wassieux, plus pres de la riuiere, pour
battre la grosse tour de la faulsebraye, appelee la
tour d'Enfer : Nous faisans veoir le matin en deux
endroits de la grande gabionade, des canonnieres
pour loger trentesix pieces en l'un, & quinze en
l'autre, & y en auoyent desia amené vingtcinq, desquelles tirerent ce iour & lendemain iusques a la
nuict, quatorze cens quarante huict coups contre le
pan du mur qu'auons dict, d'entre la porte Champeneze & la plateforme Saincte Marie, & contre les
trois tours qui y sont, dont les deux des Ligniers &
de Sainct Mihel, feirent le sault, & la tierce des
Wassieux plus pres de la porte, fut bien endommagee : ensemble les gabions de la plateforme
Saincte Marie presque tous emportez, qui estoyent

du vieulx ouurage, faict par les habitans de la ville,
rempliz de quelque terre de iardins, si menue & legiere, que ne pouuoit soustenir le coup non plus
que cendres: de façon que quelque fois, le boulet en
perçoit trois, & y furent tuez derriere tout plein de
noz harquebouziers & autres. De la en auant, les ennemis ne furent gueres greuez de nostre artillerie,
n'ayans autre lieu en ce quartier pour les en pouuoir
battre, que celle plateforme.

De ce commencement de batterie, ne se trouuoit encores le pan du mur gueres miné, a cause
qu'il estoit bon, & n'auoit on continué tirer en vn
endroit aresté : mais suyuy du long, comme pour
le taster, & mesurer ce qu'ils entédoyent faire de breche, qu'estoit enuiron trois cens pas: & auoyent aussi tiré quelques coups a la tour d'Enfer.

Ce iour feit Monsieur de Guyse nouueau depar-
tement de garde entre les gents de guerre, baillant
au Capitaine Glenay, particulierement le Bouleuart
de la porte Champeneze : Au Capitaine Haucourt
la tour d'Enfer : Et au Capitaine Verdun la grande
place : Les autres vingt bandes, departies de deux en
deux, a chascun quartier des murs & defences de
la ville, diuisees en dix, dont l'une garderoit vn iour
les murailles, & l'autre les breches, & puis change-
royent lendemain, afin de faire part a chascun de
l'honneur des breches, ausquelles deux Capitaines
en chief, pour le moins, s'y tiendroyent tousiours,
auecques les Squadres & Caporals, qui seroyent de
la garde, faisans commandement aux harquebou-

ziers de fe tenir bien pourueuz de pouldre & boulets. Et pource qu'on ne craignoit plus tant le cofté
de l'ifle, fut aduifé, que la compagnie de Monfieur
le Prince de la Rochefuryon fe rédroit aux alarmes,
auec celle de Monfieur de Lorraine, deuant le logis
de Monfieur de Guyfe, en la court Sainéte Glocine,
& les autres aux lieux defia ordónez, en armes, auecques la picque, pour eftre prefts de fecourir, la ou il
leur feroit commandé. D'aduantage, que deux capitaines de gens de pied feroyent ordinairement
toutes les nuiéts la ronde entiere de la ville, paffant
par tous les quartiers, & en tous les corps de garde,
pour venir incontinent faire le rapport a Monfieur
de Guyfe de tout ce qu'ils auroyét veu & ouy, quelle
heure que ce fuft, & en quel eftat qu'ils le peuffent
trouuer : & donneroyent ordre qu'il n'y euft ieu, ou
autre amufement entre les foldats de la garde, afin
de ne perdre l'occafion de tirer, ou offencer l'ennemy, f'il f'approchoit de noz murailles & foffez.

Cependant ne fe paffoit iour, que quelques trouppes de noz gens de cheual n'allaffent donner l'alarme aux ennemis, & battre les chemins entre les
deux camps, ou fe faifoit degaft de viures, butin de
prifonniers, de cheuaulx, & de bagages, mefmes les
coffres & charroy de l'Euefque d'Arras, Garde des
feaux de l'Empereur y auoyét efté prins: mais pource que d'abordee on tua les cheuaulx qui les trai-
noyent, ne peurent eftre conduiéts en la ville. Et
quant aux prifonniers, on tenoit ceft ordre, de ne
mettre dedans, les valets & garçons de fourrage, de

N.i.

qui on n'esperoit tirer aucune rançon , afin qu'ils ne consumassent les viures, ains seulemét les gens d'apparence qui monstroyent estre pour se racheter: lesquels encores on bouschoit en entrant dans la ville, afin qu'ils ne peussent noter aucune chose de nostre faict & fortification.

Le vingt & sixiesme du mois auant iour, leur grande gabionnade se trouua fournie de vingt & cinq, ou vingt & six pieces d'artillerie, le caualier d'aupres de la riuiere de quatre , les deux autres premiers de cinq ou six. Et sur demie heure de iour quelques vns des nostres veirent arriuer aux tranchees vn person nage, lequel a cause de la suitte & du nombre d'harquebouziers & hallebardiers de garde qui auoyent passé deuant, & qui suiuoyent, fut estimé estre l'Empereur. depuis nous auons sceu qu'il y auoit esté. Incontinent apres toutes les pieces commencerent battre aux endroits mesmes qu'auons dict, continuans de telle furie & diligence, qu'auant la nuict furent comptez treze cens quarante trois coups de canon , & feirent iour en trois lieux de la muraille, par ou vn nombre de noz harquebouziers s'attiltrerent de tirer entre deux volees, vn autre nombre ce pédant estoit dans le fossé, voyans passer les canonnades sur la teste, qui seruoyent tant pour escorte des pionniers qui descendoyent cercher terre a ramparer, que pour garder que lon n'y vint rien recognoistre , & demeurerent ainsi tout le iour entre la batterie & la muraille, si pres des tráchees des ennemis, qu'ils se battoyent auec eulx a coup de pierres:

Et souuent Monsieur de Guyse & les autres Princes
& seigneurs se trouuoyent aussi dans le fossé, pour
veoir l'effect de la batterie : n'estants ce pendant les
vns ny les autres paresseux de haulser le rápar, bien
que les boulets & esclats tombassent souuent entre
nous, ou plusieurs gentilshommes furent blessez:
Aussi fut le Seigneur de Bugnenon tirant de sa harquebouze par vn des creneaux de la muraille, & luy
fallut trepaner la teste. Vn chascun se rendoit si sub-
iect a la besongne, que touts ont esté veuz porter
beaucoup de peine, quand le besoing l'a requis, &
tousiours s'y employoit vne bóne partie de la nuict:
dont sur les dix heures du soir, estant Monsieur de
Guyse auec les Princes & beaucoup de gentilshommes, a porter terre aux endroits des breches, vne volee de dix ou douze canons que les ennemis auoyét
affusté de iour, y tira, laquelle se passa auec la perte
d'un gentilhóme de la maison de Monsieur de Nemours, appelé Boisherpin, lequel fut emporté. De
leur costé les ennemis trauaillerét celle nuict a vne
autre tráchee, si approchee de nous, que sortir d'icelle, estoit entrer dans nostre fossé, ou ils logerent depuis gros nombre d'harquebouziers, qui pouuoyét
tirer iusques a ce pont par ou lon y descendoit, dont
nous fut ostee la commodité de ceste bonne terre a
ramparer, que iusques a lors les pionniers auoyent
accoustumé d'y prendre.

Le lendemain matin, le iour n'estoit gueres bien
clair, quand vne pareille batterie recommença, &
encores de trentesix coups plus grande que celle de

N.ii.

treze cens quaráte trois du iour precedant: En quoy le Seigneur Iehan Manrique, maiſtre de l'artillerie de l'Empereur, enſemble ceulx qui executoyent les pieces, feirent grand debuoir, & leur donnaſmes la louange d'eſtre fort bons & iuſtes canonniers. La promptitude de noz harquebouziers, gaigna touſiours l'entredeux des volees, a tirer par les breches: leſquelles auant la nuiĉt furent beaucoup eſlargies, & la tour d'Enfer fort battue, a l'eſtage du milieu. Monſieur de Guyſe alloit d'heure a autre recognoiſtre le dómage que noz murailles & tours recepuoyent, & ſe mettre en lieu d'ou il peut meſurer le tout de ſon oeil, ſans ſe fier au rapport qu'on luy en pouuoit faire, ſ'expoſant beaucoup de fois a plus grand hazard, que l'importance d'une ſi gráde perte, qu'euſt eſté de ſa perſonne en ce lieu, & en temps de tel affaire, n'euſt bonnement requis. Il pouruoyoit auecques le Seigneur Pierre Strozzy (qui n'auoit peu d'aduis, ny faulte de moyens en telles choſes) & auec les Seigneurs de Gounor, de Sainĉt Remy & Camille Marin a ſauuer noz defences, en faire de nouuelles, & ordonner nouueaux rampars la ou il eſtoit beſoing. En quoy on ne ſcauroit eſtimer qui aidoit plus a Monſieur de Guyſe, ou l'experience & pratique qu'il pouuoit auoir eu auparauant de telles choſes, ou bien ſon naturel diſpoſé a la conduitte & maniement du faiĉt & appartenáces de la guerre. Et croy que les deux enſemble le rendoyét ſi entédu, qu'en la plus gráde partie des deliberations qui ſ'en faiſoyent, ſon opinion ſe trouuoit digne d'eſtre executee.

Le iour apres vingt & huictieſme du mois, continuants les ennemis leur batterie, ouurirent la tour
d'Enfer de dixhuict ou vingt pieds de large, deuinãts
l'endroit d'une cheminee, qu'eſtoit le plus foible du
mur, ou bien quelqu'un de la ville qui ſcauoit le cõ-
tenu du dedans, le leur auoit enſeigné. Sur le midy
tout ce pan du mur d'entre les tours des Waſſieux &
Ligniers, pour auoir eſté fort battu, & couppé aſſez
bas, commença pencher en dehors, & ſe departir de
la terre qui l'appuyoit : & deux heures apres continuants les ennemis y tirer, tõba tout d'un coup dans
la faulſebraye : mais vne partie ſoubs ſoy, rendant la
montee malaiſee pour venir a l'aſſault.

Les ennemis voyants renuerſer la muraille iecterent vn cry, & feirent demonſtration d'une grande
ioye, comme ſils eſtoyent arriuez a bout d'une partie de leur entreprinſe. Mais quãd la pouſſiere abbatue, leur laiſſa veoir le rampar deſia huict pieds par
deſſus la breche, encor que bien raze & large, ils eu-
rẽt a rabbattre beaucoup du compte qu'ils auoyent
faict, ſans eſtendre plus auant ceſte grande rizee qui
ne ſe ouyt plus.

Vn de noz ſoldats appelé Montilly, feit la brauade
de deſcendre incontinent par la breche, cõme pour
donner cognoiſſance aux ennemis, qu'il ne nous
ſoulcioit gueres qu'on y peuſt aiſeement monter.
Noz gents de guerre de pied & de cheual planterẽt
leurs enſeignes, guidons & cornettes ſur le rampar :
& touts les matins au remuement de la garde, on ne

failloit a les y mettre. Gros nombre de noz harquebouziers, que Mõsieur de Guyse auoit faict aposter,
ayants attendu que la muraille fust ostee, comme
s'il leur eust faict empeschement, tirerent incontinent, & tousiours iusques a la nuict dans les tranchees & caualiers des ennemis, qui fut cause que depuis leurs harquebouziers de la trãchee du bord du
fossé, s'aduiserent faire des petites canonnieres dans
le terrain, pour tirer a couuert, & de poinct en blanc
au long de la breche, afin de garder que les nostres
ne s'osassent presenter au dessus: touteffois les gens-
darmes ayãts l'armet en teste & leurs sayes de liuree
vestuz, ne laissoyent a monter beaucoup de fois, au
plus hault, pour y vuider la hotte, sans craindre le
danger : tellemẽt que les pionniers mesmes & femmes qui seruoyent au rampar, s'accoustumerẽt peu
a peu a les y suyure . Le reste du iour les ennemis es-
sayerẽt ce rampar qu'ils veoyent, a coups de canon:
mais combien qu'il fust fraischement faict, toutes-
fois se trouua en plusieurs endroits assez fort pour
arrester le boulet.

La nuict feit cesser la batterie, qui auoit depuis le
matin esté de neuf cens a mille coups de canon : Et
nous a plus grande diligence que iamais esleuasmes
& renforçasmes le rampar, pouruoyans, quant a la
tour d'Enfer, de iecter de la terre deuãt l'ouuerture,
& y faire vn rampar espais iusques a la moitié du second estage, reseruans l'autre moitié, qui estoit deuers nous, pour sauuer des canonnieres a battre le
long de la faulsebraye deuant la breche, & nous y

loger dedans pour la defendre.

Les deux iours d'apres, leur batterie ſe conduiſit plus lentement qu'auparauant : car ils ne tirerent que ſix cens trête coups, tant au long du rampar de la breche, pour nous garder d'y porter terre, qu'a la tour d'Enfer : laquelle apres auoir eſté ramparee en l'eſtage du milieu, ou ils auoyent faict la breche, la percerent en l'eſtage de deſſus, enuirô ſept ou huict pieds de large, par ou ils entrerent en eſperance de nous en chaſſer, & venir maiſtres du ſecôd qui leur eſtoit aſſez ouuert, puis qu'ils ne pouuoyent de lá en auant eſtre offencez par ce grand oeil de la clef de la voulte, qui veoit ſur la breche : mais il y fut pourueu, comme en l'autre eſtage, d'un rampar faict de fumier, de quelque peu de terre, & de balles de laine, le plus legier qu'on pouuoit, pour ne charger trop la voulte. Ce ſoir ſur le tard, Monſieur de Guyſe eut quelque aduertiſſement, que les ennemis entreprenoyêt de venir la nuict gaigner la tour d'Enfer, ayás faict grande prouiſion de facines aux trâchees pour y faire la montee. Dont commanda au Seigneur de Biron y aller, auec vingt Gentilshômes de la compagnie de Monſieur le Prince de la Rocheſuryon, pour renforcer la garde iuſques a minuict : & au Seigneur d'Antragues auec autres vingt de ſa compagnie le venir releuer. Ce que fut par apres continué toutes les nuicts par la gend'armerie & caualerie par râg de chaſcune côpagnie. Les Princes & Seigneurs voulurent eſtre de la partie, & Meſſieurs de Nemours, de Montmorancy, de Martigues, de Danuil-

le, & autres, commencerent les premiers de veiller,
au logis du Conte de la Rochefoucaud voifin de lá,
pour s'y trouuer au befoing. Monfieur de Guyfe tra-
uailla ce pédant a faire remuer des pieces d'artillerie
de la plateforme Saincte Marie, au bouleuart & allee
de la porte Chápeneze qui eftoit defia ramparee, & y
auoit canonnieres pour battre en flác a ladicte tour.

Le Conte d'Aiguemót partit du camp fur la fin de
ce mois, auec deux mille cheuaulx, & quelques enfeignes de géts de pied pour aller au Pót a Mouffon,
ou il entra, & paffant oultre, fe vint prefenter deuát la
ville de Thoul, qu'il fomma fe rendre : A quoy le Seigneur d'Efclauolles gouuerneur d'icelle feit refpó-
ce, que quand l'Empereur auroit prins Mets, & feroit
venu faire autát d'efforts contre fa ville, il aduiferoit
lors a la refponce qu'il deburoit faire.

Au commencement de Decembre les ennemis
menerent vne autre tranchee par trauers, depuis la
gráde qu'ils auoyent faicte, tirant a la riuiere, iufques
au deuát de leur gráde plateforme deuers noftre fof
fé, & quelques autres auecques grand aduis & mefu-
re, les doublant & triplant pour la defence les vnes
des autres. Et continuerent le premier iour du mois
tirer au long des rampars, & a la tour d'Enfer enuiron cent ou fix vingts coups de canon.

L'aprefdifnee Monfieur de Guyfe commanda au
Seigneur de la Broffe, prendre cent cheuaulx de la
compagnie de Monfieur de Lorraine, au Seigneur
de Sainct Luc fon Guidon, quarante de la fienne. Et

au Capitaine Lanque ſes harquebouziers a cheual,
pour aller donner ſur les fourrageurs, & viures qui
venoyẽt deuers Thióuile,& du port d'Olizy au camp
du Marquis, & que ſ'il ſortoit quelque nombre de
gents en deſordre,ils feiſſent ce qu'ils pourroyẽt iuger & cognoiſtre a l'oeil eſtre raiſonnable,ſans rien
hazarder:ils furent ſuyuiz de pluſieurs autres, qui ſe
trouuerẽt preſts au ſortir.Et d'abordee vne partie de
noz coureurs chargea ſur les fourrageurs, qui e-
ſtoyẽt en grand nõbre,leſquels,enſemble leurs cheuaulx, furẽt tuez ou prins, & leurs charretees de viures menees depuis en la ville. Les autres allerẽt dõner dans le camp,& a l'abbreuoir,ou ils tuerent force gẽts & cheuaulx.Vn nõbre de leurs gents de pied
du regiment logé en la plaine,ſortirent pour les repoulſer, & les ſuyuirent iuſques a vn foſſé, enuiron
cent pas par deça le camp,ou l'un d'eulx,plus aduã-
cé que les autres, demanda en langage François le
coup de picque, & ſ'adreſſant au Capitaine Lanque,
qui le venoit charger , luy tua ſon cheual . Lediƈt
Lanque ſe voyant a pied, ſe ioignit a l'Alemant, &
auec vn eſpieu qu'il portoit,l'abbatit mort a terre.ce
faiƈt noz coureurs ſe trouuãts raſſemblez & ioinƈts,
entreprindrẽt faire vne charge ſur ces premiers venuz, qu'ils repoulſerenẽt, & les euſſent chaſſez bien
loing , mais quinze ou dixhuiƈt enſeignes de leurs
gents de pied eſtoyẽt deſia aux chãps, & ſ'auancoyẽt
vers eulx:parquoy cõmencerent ſe retirer:Et incon
tinent ſept ou huiƈt cens de leurs harquebouziers
& picquiers ſe deſbanderent de deſſoubs les enſei-
O.i.

gnes, pour courir apres comme a vne huee, sans tenir ordre, ensemble cét ou six vingts cheuaulx auec
pistolets ou lances, & prindrent le Seigneur de Chastelet, Guydon de la compagnie de Mósieur de Lorraine, lequel fut quelque temps en leurs mains, en
grand danger de sa vie. Quoy voyant le Seigneur de
la Brosse, & que le desordre presentoit vne fort belle
occasion de leur faire vne bien bóne charge, ordonna au Capitaine sainct Luc de se iecter a main droitte sur les gents de cheual, & que luy a gauche dóne-
roit dans les gêts de pied: ce que fut executé si a propos, que les gents de cheual, & les gêts de pied furent
repoulsez les vns dans les autres, & touts ensemble
menez a coups de lance & d'espee iusques a la teste
de leurs enseignes, lesquelles s'arresterét tout court.
En ce lieu mesme, le Marquis Albert, qui estoit venu a l'escarmouche, faillit pour la vistesse de son che
ual, a receuoir vn coup de láce du baron de Tourcy,
& le Seigneur de Brabançon, qui estoit venu le matin disner auec le Marquis, y fut blessé. Il en demeura des autres plus de quatre vingts estenduz sur la
neige, & huict ou dix prisonniers, dont il y en auoit
quatre de cheual. Les nostres se retirãts vers le pont,
trouuerent le Capitaine Fauars, auecques cent soldats harquebouziers & corselets, enuoyez pour les
soustenir . Ceste escarmouche fut a la veue de trois
camps, & ceulx qui estoyent aux tranchees, tirerent
quelques coups de deux pieces, par dela la riuiere, au
long de la prairie, pour fauoriser les leurs, & tuerent
deux soldats des nostres en reuenant sur le pont,

tous les autres rentrerent dans la ville, fors vn homme d'armes, & vn archier de la compagnie de Monsieur de Lorraine qui demeurerēt prisonniers : & les Seigneurs de Rocofeuil, de Fogeon, de Treues, & vn autre hóme d'armes furent blessez, qui dans peu de iours apres moururent . Le Seigneur de Clermont eut vne harquebouzade a la main , & le Seigneur de Suze vn coup de picque entre la teste & le morrion, qui ne print que la peau . Beaucoup de cheuaulx furent blessez, mesmes celuy du Seigneur de la Brosse d'un coup de picque, & en moururent dix ou douze.

Il ne tint qu'a Monsieur de Guyse, que les Princes n'auoyent esté de l'entreprinse : car il la leur cela, iusques a ce que ceulx cy se trouuerent dehors, & puis les clefs furent perdues: N'ayant eu peu de peine(toutes les fois qu'il a conuenu sortir)de retenir ceulx qui se venoyent presenter, & s'efforçoyent de passer la porte . De l'autre costé, entre les deux cāps, auoit esté enuoyé a mesme heure Nauailles, auecques vingt & cinq cheuaulx, qui feit beaucoup de dommage aux fourrageurs, & gasta force viures, faisant tousiours boucherie sur les passages.

Les trois iours ensuyuāts, les ennemis poursuyuirēt leur batterie enuiron cēt ou six vingts coups par iour, contre le rampar de la breche , & la tour d'Enfer: a laquelle ils auoyent faict plus de dixhuict pas de breche . Mais nous renforceasmes tousiours le rampar en l'un & l'autre estage , pour sauluer celle moitié qu'a esté dict. Ils estendirent leurs tranchees, & le bout du caualier de main droicte , encores plus

O.ii.

vers la riuiere, comme pour battre les tours des bou
lengiers & charpentiers, derriere celle d'Enfer, & le
pan du mur qui eſt entredeux, ou n'auions encores
ráparé: mais incontinent y fut mis nombre de gents
de guerre, & de pionniers, pour y releuer vn rampar
de vingt & quatre pieds de large, auec vne tranchee
de trente par le deuant, reculez de quarante pieds de
la muraille. ce que fut pourſuyui de bien grande diligéce. Et pour ne laiſſer conduire aux ennemis leur
entreprinſe, ſans les empeſcher de ce qu'on pourroit, Monſieur de Guyſe iecta de nuict le Capitaine
Candau, Lieutenant de ſa garde, & le ſergeant du Ca
pitaine Glenay auec douze harquebouziers dans le
foſſé, par vne ſecrette yſſue qu'il auoit faict faire dás
le bouleuart de la porte Champeneze, leſquels allerent iuſques aux tranchees. les vns coururent a vn
bout, harquebouzer les ennemis, qui commencerét
couler tout du long, dont Candau qui ſe trouua ſur
le milieu, & le reſte des noſtres, leur donnerent force coups d'eſpee en paſſant: & ayants demeuré bonne piece dehors, ſe retirerent ſans auoir rien perdu.

Lendemain ſur le midi, le Capitaine Thomas de la
compagnie de Monſieur de Guyſe, auec tréte de ſes
compagnons, ſortit entre les deux camps, & de fortune rencontra le Seigneur de Brabançon, qui retournoit du logis de l'Empereur au camp qu'il auoit
en charge, accompagné de vingt & cinq Gentilshõ-
mes aſſez mal armez. Noz gents le chargerent, de
ſorte que, ſans ce qu'il gaigna de viſteſſe quelques
maiſons, aſſez pres de ſon camp, & ſe iecta dedans, il

eftoit prins : mais n'ofant le Seigneur Thomas, ny
les fiens mettre pied a terre, a caufe que l'alarme folicitoit les ennemis de courir a la recouffe de leur
General, & y venoyent de tous coftez, fe retirerent
auec vn butin de deux tonneaux pleins de bottes,
marchandife bien requife & neceffaire a la ville.

Le iour apres cinquiefme du mois, le Capitaine
Simon de Lec de la compagnie de Monfieur de Nemours retourna, auec vingt cheuaulx au mefme che
min , & n'eut gueres demeuré en fon imbofcade,
qu'il veit paffer enuirõ quatre vingts cheuaulx Alemans venants du camp de l'Empereur, & f'en re-
tournoyent a celuy de la Royne Marie . Noz gents
les furprindrent, & donnants deffus, feirent fonner
bien chauldement deux trompettes de Monfieur
de Nemours, qu'ils auoyent de fortune amené. Dequoy les ennemis eftonnez, prindrent la fuite, mais
il en demeura quatre prifonniers : & retournants les
noftres a la ville, feirét encores butin de quatre mulets chargez de viures. Ce iour nous perdimes deux
hommes de bon feruice, Camille Marin , au bout
d'vn rampar qui feruoit d'efpaule , ioignant la tour
d'Enfer : auquel lieu apres que Monfieur de Guyfe
eut effayé recognoiftre, par entre deux balles de laine le remuemét de terre que les ennemis faifoyent
en eftendant leur tranchee, & haulfant le caualier de
main droitte vers la riuiere, il y voulut regarder,
pour cognoiftre ou f'adreffoit leur entreprinfe, &
pouuoir mieulx entendre les moyens d'y remedier,
mettant la tefte au lieu d'ou Monfieur de Guyfe ve-

O.iii.

noit de retirer la fienne, foubdain il y receut vn
coup de harquebouze, qui luy efpandit la ceruelle:
Et le Lieutenant du Capitaine Glenay, qui eftoit en
garde au bouleuart, fut frappé d'une autre harquebouzade, & dans vne heure apres mourut. La nuict
les ennemis remuerent vne partie des pieces qu'ils
auoyent mis en batterie, comme fi elles eftoyent
efuentees, & en feirent venir d'autres, & tirerent len
demain au recoing de la riuiere, pour y faire vne nou
uelle breche:& dix ou douze coups par heure, au lóg
des autres defia faictes, pour nous garder de ramparer, touteffois on y trauailloit toufiours.

Le foir apres la cópagnie de Monfieur le Prince de
la Rochefuryó retourna eftre de garde a la tour d'En
fer, & Mófieur le Prince mefmes en voulut eftre, qui
fur quelque heure de la nuict defcendit au plus bas
eftage, & luy fembla entédre vn bruit de pioches, có
me fi les ennemis faifoyent quelque mine. Mófieur
de Guyfe y vint lendemain, qui en eut auffi fenti-
ment, & adioufta foy aux aduertiffements qui luy
auoyent efté donnez de cefte chofe. Le Seigneur de
Sainct Remy pourfuyuit diligemment de leur aller
audeuant auec les contremines qu'il auoit defia có-
mencees, tant en celle tour en deux lieux, qu'au bou
leuart en autres deux, & autant le long de la faulfebraye deuant la breche. Lendemain Monfieur de
Guyfe feit aualler par vne corde au coing derriere la
tour d'Enfer, le Lieutenant & vn foldat de fa garde, pour recognoiftre par le dehors, en quel endroit
elle eftoit plus endommagee, & fi les ennemis y

faifoyent aucune fappe:auffi pour fonder a coups de
marteau, fi la mine refpondoit encor au pied de la
muraille,ou entre les deux murs,lefquels rapporterét n'auoir rien apperceu de nouueau,& le tout eftre
au mefme eftat,qu'auoit auparauant efté recogneu:
& pour lors ne peufmes auoir plus grande certaineté de leur entreprinfe foubs terre, fors que le
hault d'un pauillon fut veu au bout d'une de leurs
tranchees,qui auoit efté tendu celle nuict,& tout au
tour on le ramparoit de terre argilleufe,reffemblát
celle que nous tirions des cótremines,par lequel in-
dice fut eftimé,que la eftoit la bouche de leur mine,
comme depuis il fe trouua. Sur les deux heures
apres midy, dix ou douze cheuaulx de la compagnie du Seigneur de Gounor fortirent vers le camp
du Marquis Albert,pour veoir fi lon auroit faict en
la plaine aucun foffé ou tranchee, & prendre garde
quelle cótenance les ennemis tiédroyent a les charger,afin que f'ils auoyent aduifé nouueau moyen de
nous nuire aux faillies,l'exéple de cefte heure nous
en fuft aduertiffement pour vne autrefois,que plus
grande force fortiroit : les aduifant qu'ils euffent a
feindre de n'ofer fouftenir aucune de leurs charges,
afin de les r'affeurer, & leur dóner volunté de venir
par apres,auffi peu retenuz aux efcarmouches qu'ils
fouloyent auparauant,qu'on leur euft donné ces at-
taintes qu'auós dict deffus. Mais pour faire que noz
gents n'euffent a f'opiniaftrer au combat,Monfieur
de Guyfe leur feit laiffer au fortir de la porte,les lances,les accouftreméts de tefte,& braffals:Ils allerent

iufques au camp, & y eut alarme : mais apres auoir
couru la campagne , laquelle ne monftra que ce
qu'on auoit accouftumé veoir, fe retirerent a la faueur d'un nombre de noz foldats de pied harquebouziers, lefquels garderent les ennemis qui cou-
royent apres eulx, de fuyure plus auant.

Le iour enfuyuant, feptiefme du moys, de grand
matin, on ouyt fonner beaucoup de tabourins au
camp de l'Empereur, & fur les huict heures, deux
groffes trouppes de leurs gents de pied, f'approcherent au bord des tranchees , derriere ces murailles,
qui f'eftendent vers Sainct Arnoul, par deffus lefquelles on voyoit apparoiftre leur grand nombre
de picques . Et bien que Monfieur de Guyfe n'efti-
maft y auoir grand danger , eftant encores la faulfebraye deuát la breche toute faine & entiere, il feit
touteffois, fans donner alarme, rédre touts les gents
de guerre aux lieux qui leur eftoyent ordónez, tant
aux breches, flancs, places de fecours, que au long
des murailles, ou fe trouua bien petit nóbre de géts
pour vne ville de fi gráde garde, mais touts appareil-
lez de bien faire, & monftrants celle bóne volunté
& deliberation , qu'il falloit pour vaillamment repoulfer l'ennemy. Les princes de Bourbon, les deux
de Guyfe, celuy de Nemours, le Duc Horace, Meffieurs de Montmorancy, Vidame de Chartres, de
Martigues,& les autres Seigneurs & gents de bonne
maifon, auec plufieurs gentilshommes, marchants
foubs la cornette de Monfieur de Guyfe, prindrent
le premier rang a la breche, fuyuiz d'un bon nom-

bre de foldats . Cependant ledict Seigneur alla vifiter les vns & les autres , non fans auoir grand'aife du
maintien & bõne contenance qu'il veoyoit en chafcũ, ny fans les foliciter encores en paffant, par beaucoup de ces bons mots, qui incitent a l'honneur, a la
vertu, & a la victoire . Le Capitaine Fauars , maiftre
de camp, ordonnoit de fes gents de pied, & encores
par deffus luy le Seigneur Pierre Strozzi , enfemble
fur les gẽts de cheual. Le Seigneur de Sainct Remy
eftoit preparé des artifices a feu & engins de guerre, lefquels auoyent efté apportez de bonne heure
en vne maifon prochaine, pour les employer fur les
premiers qui viendroyẽt . Auffi le Seigneur de Crenay, & autres gentilshommes & foldats, choifiz de
toutes les compagnies & bandes aux coftez de la
breche, pour executer bon nombre de harquebouzes a croc. Pareillement le Seigneur d'Ortobie & fes
compagnons, commiffaires de l'artillerie, auec leurs
canonnieres aux flancs & defences . Et furent toutes
chofes fi promptement mifes en leur ordre, & l'ordre mefme par tout fi bien obferué, que les ennemis euffent prins mauuais confeil de nous venir af-
faillir. Aucuns d'eulx faduiferent d'aller fur la montaigne, qui regardoit a la breche, d'ou ils la peurent
veoir fournie de mufeaux de fer, de moriõs, & corfelets, qui ne fut chofe qui leur d'euft beaucoup plaire.

Sur le foir vint vn trompette, de la part de l'embaf-
fadeur d'Angleterre refidant aupres de l'Empereur,
porter des lettres a deux gentilshommes Anglois,
eftants a la fuitte du Vidame de Chartres, parents du

P.i.

Milor Hauard debitis de Callais, par lefquelles, les
perfuadoit euiter le hazard ou ils eftoyent, & de f'en
venir au camp, pour dela fe retirer en Angleterre.
Mais eftant cogneu, que f'eftoyét des ruzes de l'ennemy, le trompette fut renuoyé, auec refpôce qu'ils
eftoyent plus affeurez dans la ville, qu'ils ne feroyét
dehors.

Apres que le Seigneur Thomas Delueche, qui e-
ftoit allé vers le Roy, comme auons dict, eut eu fa
refponce, & attédu quelques iours a Verdun la commodité de fe pouuoir conduire en cefte ville, il print
le hazard de trauerfer le pais, du cofté mefmes des
ennemis : & par entre les deux camps, fe rendit le
huictiefme du moys apres minuict aupres de la ville, ou Monfieur de Guyfe le feit entrer par la porte
Mezelle: & par luy nous furent confirmees les nouuelles, que l'armee du Roy f'en alloit affieger Hedin,
figne de n'efperer de long temps autre fecours, que
celuy qui reftoit aux armes & aux bras d'un chafcun
de ceulx de la ville. Auffi ne faifoit on femblant de
le defirer : bien nous affcura que la deliberation du
Roy eftoit, de venir leuer le fiege : Nous refiouif-
fans ce pendant de la prinfe que Monfieur le Marefchal de Briffac, auoit faict fur l'Empereur, de la
ville d'Albe en Piedmôt, comme le Seigneur Thomas difoit. Ce que Monfieur de Guyfe permit au
premier trompette qu'iroit au camp de l'Empereur,
le dire a ceulx qui l'enqueroyent des nouuelles, en
recompenfe qu'ils nous auoyent auparauant mãdé
la prinfe de Hedin.

Ceulx qui eſtoyẽt prins du camp de l'Empereur,
nous chantoyent touſiours, que la deliberation de
leur maiſtre eſtoit, ne partir iamais qu'il n'euſt prins
la ville, & quand l'armee qu'il auoit ſeroit ruinee, il
en feroit venir vne autre, & apres la ſecõde, la tierce,
de ſorte, que craignant Monſieur de Guyſe la longueur que ce ſiege pourroit prendre, mit encores
nouuel ordre & meſnage aux viures, faiſant regarder aux particulieres prouiſions, que chaſcun pouuoit auoir en ſon logis, pour y vſer auec autant de
diſcretion que ſi c'euſt eſté la munition du Roy : &
reſſerrer tout le vin qui ſe trouueroit par les quartiers de gẽts de pied, en vne ou deux caues, ſoubs les
clefs, que leurs Capitaines tiendroyent, pour en di-
ſtribuer puis apres a chaſcun ſoldat deux pintes par
iour.   Encores pource qu'on auoit cõmencé bailler aux pionniers du pain de la munition, qui en
euſſent a la lõgue beaucoup conſumé, il en feit caſ-
ſer de douze cens, les ſix cens, reſeruant tout ce qu'il
pourroit, pour l'entretenemẽt des ſoldats : Auſquels
eſtant deſia failly le bled qu'auoyẽt amaſſé au temps
de la recolte, leur ordonna pour le commencemẽt,
deux pains pour iour de douze onces chaſcun : pro-
poſant leur en retirer peu a peu, par quarts & demy
onces, ce qu'il cognoiſtroit les en pouuoir faire paſſer, afin d'eſtendre la munition, ſ'il luy eſtoit poſſible, encores par dela les douze mois qu'il penſoit a-
uoir pourueu : Tenant le bled pour le plus precieux
threſor qu'il euſt en la ville : Auec reſolutiõ, d'oppo-
ſer vne autre opiniaſtreté contre celle de l'Empe-

P.ii.

reur, d'attédre la derniere fouppe a l'eaue, auant que
donner lieu a fon entreprinfe. Auffi pour les viures
des cheuaulx de feruice, feit departir la paille, qui
f'eftoit trouuee aux granges de la ville, par les compagnies de la gendarmerie & caualerie: ayant encores, pour leur allonger les viures le plus qu'il feroit
poffible, faict commandemét aux gents de pied, de
tuer les courtaux, qu'il auoit entendu eftre retenuz
plus que de fix par bande, contre ce que l'ordonnance faicte du commencement portoit, & les mettre
au fel, donnant charge au preuoft des marefchaulx
paffer par apres en touts les quartiers, pour prendre
ceulx qui feroyét trouuez oultre le nombre permis,
& leur aller coupper les iarrets hors la ville.

Et pource que defia auoit efté vfé beaucoup de
pouldre, il mit en befongne des falpeftriers a tirer
du falpeftre, & le rafiner, afin que la munition des
pouldres f'entretint, & ne f'y trouuaft faulte au befoing. Oultre ce voyant que du mois paffé, & de
ceftuy n'auoit efté faict payement aux foldats, ny e-
ftoit poffible que le Roy mift de l'argent dans la
ville, pour leur en faire encores durant le fiege, &
que a la fin ils fe pourroyent, par faulte d'argent, ac-
couftumer de prendre ce qu'il leur feroit befoing
d'habillements, ou autre chofe fans payer, par ou
pourroit venir quelque defordre dans la ville, & entre eulx mefmes, delibera pour ne mettre rien de
la commodité de touts en arriere, qu'il feroit battre de la monnoye foubs l'authorité du Roy, & luy
donneroit beaucoup plus hault pris, que de fa value,

ſoubs obligation touteſſois, en quoy il ſe ſoubmet-
toit par cry publicq, de la reprēdre pour autāt qu'on
la bailleroit, dont en fut commencé faire quelque
petit nombre,qui ſe veoit en mains d'aucuns.

Le Marquis Albert ſe ſentoit picqué des ſaillies
que lon auoit ſouuét faict ſur ſon camp, & auoit mis
gents de pied & de cheual aux aguets dans les ſaules prochains, & es foſſez & iardins pres de la Croix
du bout du pont des Mores, & autres lieux, ou il e-
ſtimoit pouuoir mieulx ſurprendre & nuire a noz
gents. Ce qu'ayant bien attiltré deux ou trois iours
de rang, enuoya paſſer tout aupres du pót quelques
cheuaulx & fourrageurs,pour amorſer les noſtres,&
les attirer dehors,leſquels Monſieur de Guyſe,ayant
faict prédre garde, & luymeſmes entreueu quelque
choſe de l'entreprinſe, ne les voulut laiſſer ſortir a la
poſte du Marquis,reſeruāt le faire vne autrefois qu'il
ny auroit ſi bien pourueu.   Et du coſté des tráchees
enuoya la nuict d'apres le Seigneur Pierre Strozzy,
auec vn petit nóbre de ſoldats, veoir ſ'il ſ'y commē-
çoit aucū nouuel ouurage. Ceulx de la garde furent
ſurprins,& quelques vns deſpeſchez,ſans qu'ils oſaſſent entreprédre ſortir pour repoulſer les noſtres,leſ
quels ayáts recogneu autāt que l'obſcuritéde la nuict
le leur pouuoit permettre,ſe retirerēt. Eſtants rétrez
dans la ville,ils trouuerét a dire le ſergeát du Capitaine Glenay,lequel fut veu lédemain mort ſur le bord
& pendāt de leur tranchees, ou pluſieurs ſoldats ſ'of
frirét l'aller querir: mais on ne voulut pour telle occaſion les hazarder a ſi euident peril. Mais ſon goiat
P.iii.

meu de grand amour & pitié vers le corps de son
maiftre, feit grand' inftance qu'on le luy permift, &
fans craindre l'harquebouzerie des ennemis, qui luy
tirerent grand nombre de coups, l'alla en plein midy charger fur fes efpaules, & l'apporta dans la ville,
pour luy faire receuoir fepulture : enquoy il meri-
ta eftre faict foldat, comme il fut, de la bande dudict
Glenay.

Apres que les ennemis eurent depuis le cinquiefme du mois, tiré affez mollement fix cens vingt
coups de canon, & touteffois ouuert a l'encõgneu-
re de la riuiere la tour des Charpentiers, qui ioinct
l'eaue, & abbatu le bois de la couuerture de la tour
d'Enfer, ils remuerent d'autres groffes pieces a leur
caualiers, & feirent nouuelles canonnieres a main
gauche de la grande gabionade, comme pour tirer
a noftre bouleuart, bien qu'ils le veiffent ramparé.
Et le douzieme du mois, de bien grand matin, ils fe
mirent a le battre plus fort que les iours paffez, comme f'ils vouloyent paracheuer de le reduire tout en
breche : & continuants iufques au foir enuiron trois
cens cinquáte coups, tout ce qu'ils auoyent battu tõba plus de vingt pas de long, & bas, iufques au def-
foubs du cordon, y ayant, auec ce qui auoit efté ouuert auparauant, cinquante pas de breche : Vray eft
qu'ils ny euffent peu monter fans efchelle : & ny tirerent plus de la en auãt, fapperceuans qu'ils eftoyét
a recommencer, a caufe qu'ayant par nous efté cogneu de bõne heure, ce bouleuart eftre en lieu qu'il
falloit par neceffité nous en ayder, l'auions treſ bien

mefnagé de tout ce qui fe pouuoit faire, pour ne le
perdre point, luy fortifiat, comme a efté dict, la tefte
& l'auantporte d'aupres d'un grand rampar de bonne terre, ou leurs canons euffent bien trouué a manger. Et encores auoit lon faict vne trauerfe derriere
iceluy, dans les edifices, pour nous en feruir, au cas
que la tefte vint a eftre ouuerte. Lon auoit auffi ramparé l'allee d'entre ce bouleuart & la porte Champeneze d'un vingt & cinq pieds de large de chafcun
cofté, afin que les ennemis, en croifant leur batterie, ne nous en bániffent: Et pour mefme caufe, auiós
releué deux gros maffifs de terre aux deux encon-
gneures de la fufdicte porte, pour feruir d'efpaule a
la garder, & de flanc aux faulfesbrayes: foubs lefquels maffifs auoit vn paffage couuert, venant de la
ville a la faulfebraye de main gauche, puis a l'allee
du bouleuart, & d'icelle allee vn femblable paffage entrant en la faulfebraye de main droitte, pour
toufiours auoir chemin a fecourir noz faulfef-
brayes, bouleuart, & fon allee, en laquelle auions
faict deux bonnes canonnieres, malayfees a ofter,
lefquelles battoyent dans les foffez le long des breches, & iufques a la tour d'Enfer, encores deux autres a mefme effect, foubs vn des arceaux de cefte
allee: Et auions ouuert au fond du bouleuart vne fe-
crette faillie, pour iecter des géts de pied dans le foffé, n'oubliant y faire force contremines. Et bien que
les mauuais fondements d'iceluy bouleuart, & les
arceaux foibles & fenduz de l'allee, nous menaffaf-
fent de la prochaine ruine de l'un & de l'autre, tou-

teffois le befoing prefent nous folicitoit d'y mettre
encores touts les iours la main.

Lendemain les ennemis reprindrent leur batterie au long de la grande breche, a la tour des Waf-
fieux prochaine de la porte Champeneze, qui e-
ftoit defia bien entamee, & la feirent tomber, partie a deux heures apres midy, & le refte a trois heures apres minuict, dont y eut de quatre vingts a cent
pas de breche bien raze d'un tenant, ioignant laquelle eftoyent les deux autres, l'une de trente, l'aultre de vingt au long du mur. Ce iour mourut le Capitaine Fauars maiftre de camp, qui auoit efté bleffé d'une harquebouzade, fur le rampar de la grande breche, bien pres de Monfieur de Guyfe, & fut
fon enfeigne baillee au Capitaine Cornay fon Lieutenant : & le Capitaine Glenay faict maiftre de
camp, qui voulut la garde de la tour des Charpentiers, laquelle eftant en l'encongneure de la riuiere,
eftoit defia ouuerte, & le lieu affez dãgereux: lors fut
commis le Capitaine Gordan auec fa bande au
bouleuart, & le Capitaine Cantelou a la porte des
Mores, le demourant a tenir toufiours l'ordre qui a-
uoit efté auparauãt commãdé. Eftant nuict, & lors
qu'il faifoit plus obfcur, Glenay commanda a vn de
fes foldats f'en aller pres des tranchees, pour efcou-
ter les ennemis, & veoir quel guet ils faifoyent, a-
fin de leur donner vne eftrette, f'il f'y cognoiffoit occafion de le faire. Le foldat tomba entre
trois fentinelles, eftans dans le foffé, qui le chargerent, & luy prompt, encor qu'il n'euft autres armes

que l'eſpee, ſ'en defendit au mieulx qu'il peut, & ſe
retira bleſſé d'un coup de corſeſque au viſage, &
pour celle nuict n'y eut plus grande entreprinſe.

Ceulx de la garde des tranchees appeloyent ſouuent,& par diuers propos ſolicitoyent les noſtres de
parler, qui pourtât ne leur faiſoyent aucune reſponce, a cauſe que la defence y eſtoit, & meſmes quelques vns auoyent eſté du commencemét chaſtiez,
pour l'auoir oſé entreprendre ſans congé.

La matinee du iour enſuyuant fut pluuieuſe, & ſe
doubterent les ennemis qu'ils auroyent quelque a-
larme de la ville, comme on leur en auoit touſiours
donné, lors qu'il faiſoit bien mauuais temps. Ils ſe
iecterent en groſſe trouppe a la campagne, & trouuerent a charger quinze ou vingt cheuaulx des noſtres de la compagnie de Monſieur de Lorraine, qui
eſtoyent allez de bon matin entre les deux camps,
mais ne les peurét empeſcher de leur retraitte,qu'ils
feirent ſans aucune perte.

Apres midy le Seigneur de Biron ſortit auecques
cinquante ou ſoixante cheuaulx par Pótiffroy, vers
le camp du Marquis,& enuoya battre le chemin des
viures par vne partie de ſes coureurs auec le Capitaine Lanque, lequel deſcouurit vne groſſe imboſ-
ſcade d'ennemis dans les ſaules vers Sainct Heloy,
& en aduertit la trouppe. Les autres coureurs qui a-
uoyent donné iuſques au camp, ne peurent attirer
les ennemis dehors, leſquels auoyent poſſible penſé
que les noſtres les iroyent cercher iuſques lá, & que
ceulx de l'imboſcade leur viendroyét coupper che-

min. Mais le Seigneur de Biron, ayant demeuré vn
téps au milieu, pour fauorifer ceulx qui auoyét couru vers droitte & vers gauche, retira a la fin, les vns
& les autres auecques quelque butin de fourrageurs,
cheuaulx & charrettes de vin qu'ils auoyent prins.

Nauailles retourna lédemain matin entre les deux
cáps, & trouua que les ennemis y eftoyét bien forts.
aufquels auec vingt & cinq cheuaulx qu'il auoit, attaqua l'efcarmouche, temporifant le plus qu'il peut,
pour veoir f'il leur pourroit dóner vne charge a propos: mais voyát n'y auoir lieu de f'opiniaftrer d'auátage, fe retira faulue, auec prinfe d'un des leurs, natif de Sauoye, lequel dict a Mófieur de Guyfe, qu'on
tenoit pour chofe certaine au camp, que leurs mines entroyent defia cinquante toifes dans la ville.

Sur les deux heures apres midy fe feit vne autre
faillie par le pót des Mores, de tréte cheuaulx feulement, defquels le Conte de Charny, Ouarty, Riberac, Tourcy, Crequi, & la Rochechalez eftoyent.
Monfieur de Guyfe aduifa le Capitaine la Faye, qui
les conduifoit, n'abandonner de gueres le bout du
pont: mais enuoyer cinq ou fix iufques au corps de
garde du Marquis, pour fe faire fuyure, & attirer ce
qu'ils pourroyent d'ennemis au pres du pont, ou il
auoit faict mettre des harquebouziers, & porter des
harquebouzes a croc pour les receuoir. Les coureurs allerent iufques a ce corps de garde, qui eftoit
plus fort que mefmes toute noftre trouppe, lequel
les rechaffa bien viftement : la Faye faignit prendre
auffi la fuite pour fe faire fuyure, & que les ennemis

se defbádaffent,comme aduint,courants apres a qui
premier auroit attaint les noftres,lefquels tout d'un
coup tournerét,& trouuants les autres en defordre,
les menerent battants iufques aupres de leur camp,
duquel fortoit defia force caualerie pour venir a
l'efcarmouche,& fe trouuerent bien toft fix ou fept
vingts enfemble. Ils en feirent auancer cinquante
fur noz gents, lefquels prenants la cargue pour les
attirer a noz harquebouziers,cóme leur eftoit commandé, attédirent vn petit la receuoir de trop pres,
tellement que ceulx cy leur eftoyent defia fur les
bras, & le refte de leur groffe trouppe n'eftoit gueres loing, qui marchoit toufiours au trot. Et ayant
voulu le Capitaine la Faye demeurer derriere, comme vaillant qu'il eft,fon cheual eut vn coup de lance,& luy porté par terre & retenu prifonnier.Ceulx
de la trouppe tournerent, & feirent tout ce qu'ils
peurent a bien combattre pour le recouurer : mais
ne fut poffible, & fe retirerent auecques celle perte,
& du Seigneur de Vitry qui demeura auffi prifonnier. Le Seigneur d'Ouarti y fut bleffé en la tefte,&
la Rochechalez en la iambe droitte qu'il luy fallut
fcier,& depuis en mourut.   En mefme téps le Seigneur de Rendan auoit faict la tierce faillie par le
Pontiffroy, auec autres vingt cheuaulx, & dix harquebouziers du Capitaine Lanque, pour cependant
qu'on les amuferoit d'un cofté, battre de l'autre, le
chemin vers le moulin d'Olizy, ou eftoit le port de
leurs viures,& par ou les fourrageurs& viuádiers venoyét,ce qu'il eut loifir de faire, & réuerfa deux char

tees de pain, & le feit fouler dans la fange, print du
vin du Rhin, & amena chariots, cheuaulx & prifonniers dãs la ville, oultre ceulx qu'il defeit fur le lieu.

La nuiĉt enfuyuant vindrent quelques Alemans
du camp du Marquis pour abbattre le Parapeĉt du
pont des Mores, qui couuroit le Rauelin du bout
d'iceluy, dans lequel on ieĉtoit ceulx qui eftoyent
enuoyez pour faire les faillies, qui ne pouuoyent
eftre lá offencez de leur artillerie, & effayerent de
rompre vne des arches du pont pour nous ofter entierement l'iffue par lá : ce qui deuoit a meilleure
raifon eftre entreprins de nous, pour empefcher a
eulx l'aduenue de noz portes & murailles. Touteffois noz harquebouziers, qui eftoyent en garde fur
le portail, pourueurent a cecy, tirants fi fouuent la
ou ils entendoyent le bruit, qu'ils leur feirent abandonner le pont : & fut trouué le matin beaucoup
de fang, & quelques flafques de leurs brifees. Deflors fut ordonné, que trois ou quatre harquebouziers feroyent ieĉtez toutes les nuiĉts en fentinelle
hors la porte, qui fe tiendroyent dans le Rauelin.

Le foir on auoit veu porter du camp de l'Empereur grand nombre d'efchelles dans les tranchees,
dont fut donné aduertiffement aux gents de guerre
fe tenir prefts, & a la fin n'y eut rien d'entreprins. Il
aduint celle nuiĉt vne chofe de rizee : C'eft qu'un
walon du camp des ennemis penfant auoir beaucoup cheminé, & eftre arriué aux portes de Thionuille, vint heurter a la porte Sainĉte Barbe, ou le ca-
poral de la garde ioua fi bien fon roole, qu'il l'entre-

tint longuement en ceſt erreur, & luy feit dire tout
ce qu'un homme de ſa qualité pouuoit ſcauoir de
l'eſtat du camp, meſmement de la difficulté que ſ'y
faiſoit de prendre la ville. On attendoit qu'il fuſt
heure d'ouurir les portes pour l'aller retenir priſonnier : mais auſſi toſt qu'il fut vn peu iour, ſ'aduiſant
de ſa faulte, ſe mit a fouir, & les noſtres l'accõpagne-
rẽt a coups de harquebouze, & luy tuerẽt ſon cheual.

Les ennemis auoyent touſiours continué depuis
le douzieme du mois, tirer par heure dix ou douze
coups de canon en endroits differents, afin que noz
harquebouziers ne ſ'oſaſſent monſtrer ſur les breches : & auſſi pour nous empeſcher de ramparer. A
quoy touteſſois on n'auoit mis ceſſe, n'eſtant paſſé
iour, depuis le commencement qu'ils feirent leurs
tranchees, que noz gents de guerre n'euſſent ordi-
nairemẽt la hotte ſur l'eſpaule, quand ils n'y auoyẽt
les armes, ou n'eſtoyent en garde : Et ne les veoit on
moins aduenturer, ou aller hardiment ſur le hault
du rampar, tirer le coup de harquebouze, ou porter
terre, que ſi le canon ou harquebouzerie des ennemis n'y euſt battu. dont ſouuent en a eſté emporté
de bons hommes, mais l'aſſeurance ne fut pourtant
diminuee. Et pour les ſauluer, furent miſes des Pa-
ueſades & Mantelets au coſté des breches, ſur les
flancs, hors la batterie du canon, afin qu'ils peuſſent
tirer mieulx a couuert, & garder d'apparoiſtre les
ennemis ſur les tranchees. Leſquels pourſuyui-
rent encores le ſeizieſme du mois, leur batterie a
l'encongneure d'aupres de la riuiere, & y feirent

Q.iii.

dixhuict pas de breche, portants par terre la tour des Charpentiers, dont la plus grãde partie tomba dans foymefmes, & vn peu dedans le foffé, mieulx a propos, que n'auions efperé, craignant que le tout y allaft, & peuft faire pont aux ennemis.   Ce iour vn gentilhomme Italien, parent du Seigneur Ludouic de Birague, fe vint rendre a nous, nous aduertiffant de la diligẽce que les ennemis mettoyent a conduire leurs mines, & qu'il eftoit bruit au camp qu'elles f'en alloyent preftes a mettre feu. Le Seigneur de Sainct Remy f'aduançoit tant qu'il luy eftoit poffible, de fe trouuer au deuãt, pour faire a eulx mefmes vne fricaffee : & Monfieur de Guyfe defcendoit plufieurs fois le vifiter dans les contremines, mefmement fur la nuict, qui eftoit l'heure qu'on les entendoit mieulx befongner, mettãt ordre que bon nombre de gents de guerre fe tinffent prefts pour les repoulfer, fi, apres y auoir mis le feu, il f'y faifoit breche, & vouloyent venir a l'affault.

Enuiron ces iours, le Seigneur de Brabãçon, pour recompenfer l'honnefteté que Monfieur de Guyfe auoit vfé vers quelques prifonniers des leurs, qu'il auoit renuoyez fans rançon, & faict rendre leurs armes & cheuaulx, offrit pareil traictemẽt a deux foldats Frãçois : L'un du Capitaine Haucourt, & l'autre de la Queufiere, pourueu qu'ils fe retiraffent en Frãce, eftant l'opinion de l'Empereur fur la raifon de la guerre, qu'on ne deuoit renuoyer dans vne ville affiegee, ceulx que lon en auoit peu prendre prifonniers : Par ainfi leur bailla vn Tabourin pour les cõ-

duire vers Nancy: Mais eulx ayãts renuoyé le tabourin de my chemin, difants qu'ils fe fcauroyent bien
cõduire, mirent deuãt les yeulx le fermét qu'auoyét
faiɕt de feruir le Roy foubs la charge de leurs Capitaines, qui eftoyent enfermez dans la ville, & la hõte
que leur feroit les abandonner en tel affaire : dont
meuz d'un bon cueur & vray naturel François, f'arrefterent dans vn bois iufques a la nuiɕt, a la faueur
de laquelle pafferent affez hazardeufement entre les
deux camps, & fe vindrent rendre a noz portes.

Vn peu auparauant que le Capitaine la Faye feift
la faillie par le pont des Mores, cõme auons diɕt, le
Trõpette de la compagnie de Monfieur de Lorraine
eftoit allé vers le Marquis Albert, pour le differét de
la rançon d'un homme d'armes des noftres, qu'il tenoit plus haulte, que la foulde d'un mois, contre ce
que luymefmes auoit requis pour touts ceulx qui
feroyét prins d'un cofté & d'autre: & fondoit l'occafion fur la liberale offre de l'homme d'armes qui f'e-
ftoit taxé plus qu'au triple, ce qu'il n'auoit peu, puis
que la loy eftoit autrement. Le Trompette fut retenu, fans pouuoir obtenir congé de f'en reuenir, tant
que le fiege dura, de peur, comme on peult penfer,
que la diminution de fes gents, & la mortalité qui
eftoit en fon camp, fuffent rapportees en la ville: Et
mefmement que la plus part f'en eftoyent allez a
faulte de payement, & vn grand nombre eftoyent
morts de l'iniure de l'hyuer. On n'auoit auffi voulu
laiffer paffer le Trõpette de Monfieur de Guyfe vers
le camp de la Royne Marie, ou il eftoit enuoyé pour

autres prifonniers, l'ayant arrefté aux fentinelles, &
porté la fa refponce, afin qu'il ne veift les grands cimitieres, qui eftoyent a l'entour de ce camp. De la a
deux iours, ayãt le Marquis a requerir quelque Alemant prifonnier, emprunta le Trompette du Duc
d'Albe, fe perfuadãt qu'il ne feroit arrefté, pour autant qu'il ne fe aduoueroit de luy : Mais Monfieur de
Guyfe, fcachant les caufes de la guerre du Duc d'Albe & du Marquis eftre vnes, & touts deux foubs l'Em
pereur, retint ce Trompette pour le noftre.

Le dixfeptiefme du mois apres le midy, fe vint
prefenter du cofté de la montaigne, entre les deux
camps, le Seigneur Don Loys d'Auilla, general de
la caualerie de l'Empereur, auec cinq cés cheuaulx,
& feit donner fes coureurs iufques a la portee d'un
mofquet pres de noz portes, ayant de fortune Monfieur de Guyfe lors faict monter a cheual les Seigneurs de la Broffe, de Rendan, & Paule Baptifte
auec quinze cheuaulx chafcun de leur compagnie :
pour aller recognoiftre a la campagne, les moyens
de pouuoir faire vne entreprinfe, qui fera dicte cy
apres. Il leur bailla encores foixante harquebouziers, lefquels, eftãts dehors, ils logerent fi a propos,
pour les fouftenir, que les ennemis ne fe voulurent
attaquer, & feulement quelques harquebouziers a
cheual tindrent l'efcarmouche large entre les deux
trouppes, ou y en eut de bleffez de leur cofté, & auffi
le Capitaine Simon de Lec de la compagnie de Mõfieur de Nemours, du noftre. Quelqu'un de leur
trouppe f'aduança de demander vn coup de lance :

ce que fut accepté par le Seigneur Torquato da Cõ-
ty Gentilhomme du Duc Horace, qui se mit en auãt,
mais l'Espagnol se retira vers les siens. Vn autre appelé Loupes de Para, enseigne de la compagnie de
Don Alonse Pimentel, demanda Nauailles, qu'il a-
uoit l'annee passee cogneu en la guerre de Parme,
pour parler vn mot a luy. Nauailles qui menoit les
coureurs, le luy accorda, & deuisans ensemble, l'Espagnol luy feit offre, que s'il y auoit des Capitaines
Frãçois qui voulussent rõpre vne lãce, il y en auoit la
des leurs tous prests, ayans licence de leur General.
Nauailles n'eust remis ce parti a vn autre, sans ce
qu'il se trouuoit encores si mal d'une blessure receue en celle guerre de Parme, qu'il ne se pouuoit ai
der du bras de la lance: & respondit qu'il n'estoit sor-
ti gueres de noz Capitaines dehors, touteffois s'en
retournoit iusques a nostre trouppe les en aduertir.
Suffira (dist il) de deux. Ceste nouuelle pleut grãde-
ment aux nostres, & les Seigneurs de Rendan & de
Chastelet, guydon de la compagnie de Monsieur de
Lorraine, prierent Nauailles mesmes, s'en retourner
vers la ville, impetrer de Monsieur de Guyse, qu'eulx
deux d'eussent satiffaire a cest offre. Ce que Mõsieur
de Guyse accorda, en condition, que l'affaire fust de
Capitaine a Capitaine, & que s'ils presentoyent homme d'armes, ou cheual legier, il en fust baillé de sem
blable qualité des nostres. Nauailles leur alla incõti-
nãt faire entendre ceste permission, & que noz gẽts
estoyent prests: Ils voulurẽt lors differer l'entreprinse, s'excusans qu'il estoit tard. A la fin en presenterẽt

R.i.

vn, qu'ils asseurerent estre Capitaine. Lequel fut mené par vn trompette François du costé de la ville , &
le Seigneur de Rendan par vn trompette Espagnol
du leur , au milieu des deux trouppes, auec seureté qu'elles ne s'approcheroyēt : & aduenant que l'un
d'eulx tōbast, ne seroit retenu prisonnier, & qu'ils ne
donroyent aux cheuaulx, ils coururent, vne & deux
fois sans rompre, pour crainte de toucher aux cheuaulx, desquels celuy de Rendan n'estoit aussi choisi
pour vn tel acte, ne s'estant luy gueres mieulx mōté
qu'en cheual legier, lors que l'entreprinse de sortir s'e
stoit faicte . A la tierce course il rōpit sa lāce de droit
fil . Et l'Espagnol passant sans toucher, laissa tomber
la sienne encores entiere sur la place , qui demeura
aux nostres . Nous auōs sceu depuis que c'estoit don
Henrique Menrique Capitaine de cheuaulx legiers,
& Lieutenant du General, & qu'il eut le Brassal , &
bras droit faulsez de ce coup.

Vers le costé du Marquis Albert , s'estoyent aussi
monstrez des gents de cheual en la plaine , & auoit
Mōsieur de Guyse enuoyé Broilly, homme d'armes
des siens auec quinze ou vingt de ses compagnōs, &
quelques harquebouziers du Capitaine Lāque pour
les escarmoucher . Les ennemis ayāts nōbré le tout,
& veu qu'ils n'estoyent tant qu'eux, vindrent dōner
sur les coureurs, & des coureurs a la trouppe, laquelle
les receut, & soustint la charge a coups d'harquebou
ze & de lāce, contraignās a toute force les Alemās, a-
pres auoir deschargé leurs pistolets, tourner les espau
les, & les nostres les suyuirēt, battāt iusques a vn autre

nõbre de cheuaulx, qui venoyent pour les fecourir.
Noz gents farrefterent, prenãts garde a la contenã-
ce des ennemis, lefquels fe trouuants beaucoup en-
groffiz, fapprestoyent de faire vne recharge, mais
eulx marchãts au pas vers leur retraitte, & mõftrants
fouuent vifage, & harquebouzants ceulx qui faduã-
çoyent pour les amufer, rentrerẽt dans la ville, fans
laiffer riẽ du leur aux mains des ennemis.   La nuiĉt
deux fentinelles de ce mefme camp, fapprocherent
iufques a mettre les nez de leurs cheuaulx fur le rauelin que nous auions faiĉt au bout du põt des Mores, ou de noz harquebouziers du Capitaine Cantelou, qui eftoyent mis en fentinelle hors de la porte, affirent fi bien leurs coups, qu'un de fes deux Ale-
mants fen retourna bleffé, & l'autre auec fon cheual, demeura mort fur la place, & fon corps tiré dans
le rauelin.

Les Efpagnols des trãchees, ayãts celle nuiĉt mefmes entreprins venir cercher du bois de la tour des
charpẽtiers, qu'ils auoyẽt abbatue dans les foffez, en
l'encongneure de la riuiere, ou bien le Duc d'Albe,
de venir recognoiftre le foffé, comme nous auons
fceu depuis qu'il y auoit efté, firent tirer vne volee
de douze ou quinze pieces, pour chaffer les noftres
d'entour des breches, lefquels pour cela, ne fen ef-
loignerent : mais fe doubtãts d'une ou autre entreprinfe, furent en grãd aguet de touts coftez. Et quelques vns des premiers, qui faduançoyent pour ce
bois, y demeurerẽt : faifants toufiours les noftres vn
eftat refolu, de ne laiffer gaigner aux ennemis aucu-

R.ii.

ne chose sur nous, tant fust elle petite, qu'a l'extremité, & apres toute la resistence, qu'on leur auroit peu faire.

Le iour ensuyuant, dixhuictiesme du mois, Nauailles mena vingtcinq ou trente cheuaulx de la cōpagnie de Monsieur de Nemours iusques au camp du Marquis, pour attirer ce qu'il pourroit d'ennemis aupres du pont des Mores, ou vn nombre de noz harquebouziers estoyēt, comme autrefois, attiltrez pour les recueillir. Les Alemans ne faillirent de venir en grosse trouppe sur luy, qui se retirát au pas deuant eulx, a la mesure qu'il estoit suyuy, sans autrement prendre la cargue, & leur faisant souuent teste, les eschauffa si bien, qu'ils se laisserent mener a la butte de noz harquebouziers, lesquels leur tirerent a plaisir. Et eulx se voyants tant approchez, essayerent faire quelque effort de les enfoncer, mais ils n'en rapporterent du nostre, que force plombs & boulets d'harquebouze dās le corps. Encores lendemain sur les deux heures apres midy, pource qu'ō veoyoit tout plein de leurs fourrageurs & viuandiers, amener du charroy deuers Sainct Heloy, Monsieur de Guyse les enuoya encores visiter par Montserie, gentilhomme du Vidame de Chartres, auec vingt cheuaulx, lesquels il feit sortir par Pontiffroy, en temps si a propos, qu'ils eurent defaicts ces fourrageurs, couppé les iarrets aux cheuaulx, & mis le feu a leur fourrage, auant que les cinquante ou soixante cheuaulx de leur garde y eussent accouru: ausquels aussi, pource qu'ils s'approchoyent vers le

pont, fut entretenue l'efcarmouche iufques fur le
tard,qu'il fut heure de fe retirer.

On alloit fouuent du cofté du Marquis , pour la
commodité de noftre caualerie, que y trouuoit la
plaine raze , & pouuoit ón nombrer de la muraille ce qui fortoit d'ennemis en campagne , & iuger
du bon ou dãgereux fuccez des entreprinfes, pour y
remedier felon qu'on en verroit le befoing . Encores le iour d'apres, dixhuiĉtiefme du mois, Mõfieur
de Guyfe ieĉta quinze cheuaulx, de la cõpagnie du
Côte de la Rochefoucaud , & quelques harquebouziers de celle de Lanque, auec Touchepres, par le
pont des Mores, qui feirent tenir en armes & a cheual,depuis le midy iufqu'au foir la caualerie du Marquis , & quelque autre Efpagnolle , qui auoit paffé le
matin de ce cofté , comme la faulte ou le Marquis
f'en trouuoit lors, l'auoit contrainĉt d'en demander
a l'Empereur,pour refpõdre a noz faillies. Entre les
deux camps, fur les vignes de la porte a Mezelle,fe-
ftoyent monftrez enuiron vefpres du iour prece-
dãt,douze ou quinze cheuaulx Efpagnols:Nauailles
qui eftoit dehors,auec vingtcinq autres,les auoit enuoyez recognoiftre par huiĉt des fiés, lefquels quãd
les ennemis veirẽt approcher du deffus de la mõtai-
gne, auoyẽt prins la cargue d'eulx mefmes, pour les
attirer,enfemble la trouppe,f'ils euffent peu(laquelle marchoit toufiours au pas)pres d'une cenfe,ou ils
auoyẽt trois cens cheuaulx en imbofcade . Ce qu'e-
ftant recogneu par les noftres, n'auoyent paffé lors
oultre: Mais ce iour enfuyuant,le Seigneur de Ren-

R.iii.

dan, & Paule Baptiſte, auecques meilleur nombre
de cheuaulx y allerent, & trouuants enuiron deux
cens des ennemis en ce lieu, bien choiſi a l'aduantage pour eulx, les ſoliciterent longuement, & a coups
d'harquebouze, d'en ſortir, mais ne le voulurẽt abã-
donner : & d'autant que de l'un & l'autre camp venoit caualerie a leur ſecours, les noſtres ſe retirerẽt.

Lendemain eſtoit le vingtdeuxieſme de Decembre, & n'auoyent les ennemis ceſſé touts les iours
precedãts de tirer, meſmemẽt contre la tour d'Enfer, laquelle eſtoit aux deux eſtages de deſſus & du
milieu entierement ouuerte. Et deſia auoyent approché deux canons au bout de la tranchee des harquebouziers du bord du foſſé, en vn pendant, qui
plongeoyent au deſſoubs du cordon au bas eſtage,
ayants commencé l'ouurir a l'endroit d'un ſouſpi-
rail qui nous donna crainte qu'elle ſ'en iroit perdue,
& l'entreprinſe viendroit par ce moyen plus aiſee
aux ennemis, a cauſe que ce flanc oſté, nous n'euſ-
ſions peu les empeſcher qu'ils ne logeaſſent leur artillerie dans le foſſé, pour battre les defences qu'a-
uions de reſte au bouleuart & allee de la porte Chãpeneze, & puis feroyent la ſappe a la muraille de la
faulſebraye deuãt la breche, cõme ils auoyent entreprins. Monſieur de Guyſe tint conſeil ſur le ſaulue-
ment de celle tour, au moins de deux canonnieres
de ce bas eſtage, qui regardoyent dans le foſſé, leſquelles bien que fuſſent aſſez couuertes du rõd de la
tour, pour ne pouuoir eſtre veues du canon, on n'y
euſt touteſſois peu loger ny harquebouziers, ny au-

cunes pieces, a cauſe que ruinát les voſſures, comme
leur eſtoit maintenát ayſé, ils emportoyent entieremét les deux premiers eſtages, & nous oſtoyét la de-
ſcéte du troiſieſme, laquelle eſtoit par le milieu de la
voſſure, auec vne eſchelle a main : & par ainſi noz
flancs d'embas perduz. Il fut aduiſé que par le dedás
de la ville, lon feroit vne ouuerture iuſques a l'allee
de l'une des cótremines, & par la l'on iroit trouuer la
canóniere de noſtre flanc, qui ſeroit couuerte de bós
cheurons, aſſez forts pour ſouſtenir la cheute de la
voulte & du terrain & rápar qui eſtoit deſſus, enſemble pour conſeruer noz gents au deſſoubs : N'ayants
noz ennemis non plus de moyen ſe tenir dedans la
tour a deſcouuert pour nous y offéſer, que nous. Oul
tre ce, d'autant qu'ils pourroyent entreprendre de
courir la faulſebraye, fut ordonné pour les empeſcher, qu'un maſſif de terre, en façon de plateforme,
ſeroit releué dedans, a main droitte de la tour, pour
leur coupper chemin, & pour battre a l'entree & por
te d'icelle, afin qu'ils ne ſ'oſaſſent monſtrer de ce coſté, non plus que de l'autre a main gauche le long de
la breche, ou le flác & maſſif de la porte Chápeneze
battoit. Ce iour Monſieur de Guyſe deſcédit dans le
foſſé, auec quatre ſoldats de ſa garde, fort hazardeu-
ſement, veu le grand nombre d'harquebouziers Eſpagnols, qui ſe tenoyent touſiours a la tranchee du
bord d'iceluy. Il recongneut le defaillement des arceaux qui ſouſtenoyent l'allee du gros bouleuart,
leſquels il commanda eſtançonner & les appuyer
de groſſes boizes, pour ſ'en ſeruir preſentement, re-

feruant y faire ouurage de plus grande duree, quand
lon en auroit le loifir & commodité. Quelque heure apres les ennemis voulurēt remuer des pieces de
leurs caualiers: mais noz harquebouziers & harquebouzes a croq, donnerent tant de dommage a leur
gents & cheuaulx, qu'ils les cōtraignirent d'attendre
qu'il fut nuict.

Le iour enfuyuant, vingt & troiziefme du mois,
apres midi, fe feit vne belle faillie, qui auoit efté entreprinfe par le Vidame de Chartres, fur les gents du
Marquis, & Monfieur de Guyfe l'auoit trouué bonne, mefmes l'occafion f'y vint prefenter de quarante cheuaulx Alemans, qui vindrent enuiron deux
cens pas par deça le camp au bord d'un foffé, auec
des gents de pied harquebouziers, pour en eftre fa-
uorifez. Monfieur de Guyfe, ayant ordonné ceulx
qui deuoyent fortir, enuoya, comme il auoit de cou-
ftume, garder qu'on ne montaft fur les murailles, &
pour mefme occafion, des hallebardiers aux plate-
formes & autres lieux de la ville qui eftoyēt veuz du
camp, afin que l'amas de gēts qui f'y fouloit au commencement faire, pour veoir les faillies, ne donnaft
aduis aux ennemis de cefte cy : car il f'eftoit quelque fois apperceu qu'ils y en auoyent prins, & f'e-
ftoyent mis en armes pour nous receuoir. Sept ou
huict harquebouziers a cheual des noftres allerent
premiers iufques a eux, lefquels n'eurent fi toft tiré
leur coup, qu'ils furent fuiuis iufques a noftre trouppe, laquelle eftoit de vingt cheuaulx que Montferie
menoit, qui ne f'aduança tant qu'il les euft veu eftre

cent ou six vingts pas par deça le fossé : Et lors, ayant
receu les coureurs, touts ensemble leur allerent faire
vne charge, laquelle les ennemis attédirent a coups
de pistolets quelque téps : mais a la fin ils la prindrent
toute entiere iusques a leurs gents de pied : & s'arrestants la, a cause qu'ils sentoyent le renfort d'autres
quarante ou cinquante cheuaulx qui venoyent a la
file, les nostres feirent semblant prendre au pas la
retraitte vers Pontiffroy, par ou estoit ordonné que
les Seigneurs Dantragues & de la Brosse sortiroyét,
auecques chascun cinquáte cheuaulx, entre lesquels
Monsieur le Prince de Códé, qui s'estoit desguisé en
cheual legier pour en estre l'un, s'y trouua : Mais d'i-
ceulx n'en apparoissoyent que dix ou douze, qui a-
uoyent couru de l'autre costé sur les fourrageurs &
viuandiers, qu'ils auoyent surprins, & mis le feu aux
fourrages, & amenoyent vn trouppeau de vaches &
moutons qu'ils auoyent gaigné, qui estoit prouision
en ce temps bien receue dans la ville : car la chair
fraische auoit commécé a faillir, & plusieurs de noz
soldats se prenoyent aux cheuaulx. Les ennemis
n'ayáts, comme il leur sembloit, a se craindre que de
ceulx qu'ils veoyét, se sentáts, comme auós dict, bien
renforcez, descocherent sur les nostres, qui pour cela n'auancerent leur retraitte qu'au petit pas, & bien
serrez, tournants deux ou trois fois visage, & autant
de fois arrestants les Alemáts, qui par ce moyen s'a-
muserent, & se laisserent attirer pres des iardins, entre noz deux póts, ou les nostres faisants teste, se mes
lerent les vns dans les autres, & lors le Vidame, qui

S.i.

auoit attendu long temps ceſte opportunité derriere le Rauelin du pont de Mores, auecques ſoixante
cheuaulx, deſquels le Duc Horace eſtoit du nombre, ſortit a toute bride leur coupper chemin. Les har
quebouziers du foſſé, cuidáts que ceulx cy ſadreſſaſ-
ſent a eulx, cõmencerent a gaigner au pied vers vn
bataillõ de quatorze enſeignes, qui auoit deſia marché plus de ſoixante ou quatre vingts pas par deça
les tentes, mais ils tournerent au foſſé, voyants, que
noz gents chargeoyent leurs géts de cheual, leſquels
prenants la fuite, dõnerent bon moyen aux noſtres,
qui eſtoyent peſlemeſle auec eulx, & a ceulx qui e-
ſtoyent ſuruenuz, d'en faire grande execution. Les
mieux montez gaignerent comme ils peurent la
faueur de leurs harquebouziers, auec leſquels fai-
ſants teſte au bord du foſſé, y fut encores cõbattu a
leur grãde perte. Les Seigneurs Dantragues & de la
Broſſe ſaduancerent cependant pour retirer noz
gents, qu'ils trouuerent n'auoir autre dommage, que
du Capitaine Bordeille bleſſé de trois coups de harquebouze ou de piſtolet, de quoy il eſt guery, & le
cheual du ieune Mally tué d'une canonnade. On
ſceut lédemain par vn Alemãt, meſmes de leur cáp,
qu'il auoit eſté tué des leurs, ou de coup de main, ou
d'une couleurine, qui auoit tiré de la plateforme
Sainct Simphorien trois fois dans eulx, plus de tréte
cinq hommes de cheual, & bien quaráte de bleſſez,
la plus part de leurs cheuaulx tuez, ou ſi fort bleſſez,
qu'ils ne les auoyent peu rapporter au camp. Auſſi
des gents de pied, vingtcinq ou trente demeurez ſur

la place . De ceſte perte les ennemis donnerent cognoiſſance : car eſtant le iour apres le Conte de la
Rochefoucaud ſorti encores de leur coſté , pour
battre le chemin de Sainct Heloy, vers le port d'Olizy , ou il defoncea des tóneaux, print des marchãts,
& viuandiers a leur veue, ils ne feirent meilleure cõtenance, que de craindre vne pareille touche , qu'ils
auoyét ſenty le iour precedant . Les marchants priſonniers dirent eſtre bruit, que l'Eueſque de Maien-
ce faiſoit leuer des gents de guerre , pour enuoyer a
l'Empereur, & qu'il luy venoit d'auantage huict pieces d'artillerie par eaue, de la ville de Conſtance.

Trop lóg ſeroit, & poſſible ennuyeux, de particu-
lariſer toutes les ſaillies qui ſe ſont faictes durãt le ſie
ge, deſquelles auſſi vne partie n'a peu venir a ma cognoiſſance, a cauſe qu'il ſen faiſoit en meſme heure
deux & trois par diuerſes portes, eſtant contrainct
perdre les vnes pour les autres, & quelques fois noz
gents ne rencõtrants les ennemys, ſen retournoyét
ſans faire choſe digne de recit. D'autres auſſi que les
ſaillies n'eſtoyent ordonnees pour autre choſe, que
pour veoir leur cõtenance , & recognoiſtre ce qui ſe
auroit a faire pour vne autrefois : Et la plus part dõt
l'effect tournoit ſur les viuãdiers & fourrageurs ſeulemét: Comme a l'heure que le Conte de la Rochefoucaud gaſtoit les viures du camp du Marquis, Nauailles en faiſoit autant entre les deux camps de
l'Empereur & de la Royne Marie, ce qu'on n'auroit
aggreable d'ouir ſi ſouuent dire, qu'il a eſté ſouuent
faict . Suffira que par le recit d'une partie ſoit mon-

S.ii.

ſtré, ne s'eſtre iamais preſenté vn ſeul moyé de nuire ou gaigner ſur l'ennemy, que Monſieur de Guyſe (quand la raiſon de la guerre le luy a conſeillé) ne
l'ait entreprins, & faiɕt ſagement executer : tenant
toufiours l'étreprinſe ſecrette iuſques a l'heure qu'il
y enuoyoit. Et lors en ayant bien inſtruit le chef, qui
la deuoit conduire, ieɕtoit premierement les coureurs dehors touts enſemble, & puis ceulx de la groſſe trouppe bien ſerrez, ſans y permettre d'auantage
que le nombre qu'il auoit ordonné : Faiſant mettre
des gẽts de guerre, aux lieux de garde en armes, afin
que, d'auenture lors que ſerions amuſez d'un coſté,
lon ne nous ſurprint de l'autre : & luy ſe tenoit a la
porte, auec autre nombre de gents, tant de pied que
de cheual, afin que ſi quelque occaſion ſe preſentoit
de faire d'auantage, ou bien qu'il falluſt ſouſtenir &
receuoir les noſtres, pour eſtre foibles, il peuſt prõ-
ptement faire ſortir ceulx cy, auſſi auãt qu'il en verroit eſtre beſoing : Nayãt iamais faiɕt retraitte, quãd
il y auoit groſſe trouppe dehors, fuſt de pied ou de
cheual, que au pas en bon ordre, & que la trompette
& le tabourin ne l'euſſent ſonnee: Aduertiſſant touteſſois, n'eſtre raiſonnable, qu'on demouraſt lõgue-
mẽt dehors a la teſte d'un camp. Celle nuiɕt veille
de Noel, le guet & garde des breches & murailles,
furent renforcez, afin que le demeurãt de noz gents
de guerre peuſſent, en plus grand repos, ſolennizer
vne ſi grande feſte, ainſi que Monſieur de Guyſe a-
uoit touſiours bien obſerué les choſes appartenãtes
a la religion, & auſſi que les ennemis ne ſe ſeruiſſent

de telle occaſion, pour nous venir cepẽdant dreſſer
quelque entreprinſe . Apres le ſeruice de minuict, il
alla viſiter touts les corps de garde. Et le propre iour
de Noel, tãt du coſté des ennemis, que du noſtre, la
dignité de la feſte fut aſſez biẽ gardee, ſans nous porter grãd dommage, ſeulement ils tirerent quelques
coups de canon, & nous leur rẽdiſmes des moſque-
tades & harquebuzades en eſchange.

Lendemain de Noel, nous comptaſmes le ſoixã-
te cinquieſme iour de la venue des ennemis, & le
quarante cinquieſme, du commencement de leur
batterie, qu'encores ne veoyoit l'Empereur gueres
d'aduancemẽt en ſon entreprinſe, demeurant l'endroit des breches auſſi fort & mal aiſé (par le moyen
des bons & larges rampars que nous y auions dreſſez) que ſi noz murailles n'euſſent point eſté bat-
tues. Noz flancs par meſme diligence ſauuez, & pluſieurs faicts de nouueau : la faulſebraye entiere : &
auſſi bon ou meilleur maintien en noz gents, que le
premier iour que ſon armee arriua . Laquelle il cognoiſſoit que a toute heure alloit en diminuant, a
cauſe de la mortalité grandement eſchauffee en ſes
trois camps, en danger d'eſtre entierement ruinez,
ſi ſa premiere deliberatiõ ne cedoit a la preſente neceſſité, & meſmement au temps, qui ſ'eſtoit reduit
depuis le commencement de Decembre, a la froi-
dure & gelee plus vehementes, que la belle ſaiſon
qu'ils auoyẽt eu du commencement, ne les en auoit
menaſſez. Parquoy cõmença ordõner de ſa retraitte,
& feit paſſer la riuiere de Mozelle a quelques pieceꝫ

S.iii.

d'artillerie, lefquelles le Marquis de Brandebourg
logea aupres d'un de fes regiméts en la plaine, comme pour affubiectir d'auátage les yffues de noz pôts.
Et pource que de la ville on ne s'eftoit encores apperceu d'aucun figne de deflogement, que les ennemis vouluffent faire, nous ne pouuions penfer a
quelle occafion on auoit paffé celles pieces : Monfieur de Guyfe enuoya la compagnie de Monfieur
de Nemours, pour en recognoiftre ce qu'on pourroit, & fortirent premiers par le pont des Mores tréte cheuaulx auec Nauailles, pour courir iufques la,
le demeurát par Pontiffroy, auec Monfieur de Nemours. Les deux trouppes ne parurent fi toft fur les
ponts, que toute l'artillerie du Marquis, tát du hault
que de la plaine, & celle qui reftoit encores aux tráchees tira, comme fi elle euft efté auparauant braquee pour cefte faillie. Ce nonobftát Nauailles alla
iufques pres des pieces, qu'il nombra feize, lefquelles nous iugeafmes eftre, des douze canons, fix couleurines, & cinq mortiers que le Marquis auoit pre-
fté a l'Empereur, comme nous auions bien fceu : Et
eftoyét gardees de trois ou quatre efquadrós de géts
de pied. Il téporifa affez long téps a l'entour, cuydát
attirer les ennemis hors du cãp: mais ils ne voulurét
faire autre ieu que de leur artillerie, de laquelle ne
receufmes dõmage que du cheual du Seigneur de
Murat d'Auuergne, qui eut la iábe emportee.   Encores du matin, eftoit forty l'éfeigne de la cõpagnie
du Seigneur de Gounor, auec tréte cheuaulx, qui les
eftoit allé cercher bié auát, mais ils n'auoyét voulu fe

môſtrer en cãpagne: S'aduiſants pour lendemain de mettre vne embuſche de deux cens cheuaulx vers le chemin de leurs fourrageurs, a main gauche de S. Heloy, pour ſurprendre les noſtres, ſi le Seigneur de Saïct Phale, enſeigne de la cõpagnie de Mõſieur de Guyſe (qui eut cõmandement de ſortir auec ſoixante cheuaulx, pour leur coupper touſiours les viures) n'euſt enuoyé vne partie de ſes coureurs vers ce coſté, qui les deſcouurirent, & lors ils enuoyerent quelques cheuaulx pour charger noſdiĉts coureurs, eſperants que Sainĉt Phale ſ'aduanceroit auec toute la trouppe, pour faire la recharge : mais comme bien aduiſé, il receut ſeulement les ſiens, qui venoyent de faire la deſcouuerte, & autres qu'il auoit enuoyé dõner iuſques au camp, ſans ſuiure les ennemis, leſquels d'eulx meſmes prenoyent la cargue.

Enuiron vne ou deux heures apres, Monſieur de Guyſe eſtant allé, ſelon ſa couſtume, viſiter l'entour des murailles, ieĉta ſa veue du coſté de Sainĉt Pierre des champs, ou eſtoit le logis des Italiens du camp de l'Empereur, & n'y voyant promener aucun, penſa qu'ils l'auoynt abandonné, ce qu'il enuoya incontinent recognoiſtre par les Capitaines Aboz & Cornay, auec des harquebouziers, qui ny trouuerent perſonne. Et par meſme moyen feit donner Sainĉt Eſtephe auec autre nombre de ſoldats, iuſques dans les tranchees de la porte Sainĉt Thibaud, ou furent trouuez quelques Alemans, leſquels abandonnants leurs picques, harquebouzes, & allebardes, furét chaſ ſez iuſques au corps de garde derriere le prochain

caualier d’aupres Sainct Arnoul, d’ou fortit vne grof
fe trouppe d’harquebouziers & corfelets pour re-
pouffer les noftres : lefquels fe retirants par les tranchees mefmes, rapporterét les armes qu’ils y auoyét
gaignees. De ces deux chofes feifmes nous la premiere coniecture, que les ennemis fe vouloyent leuer : laquelle fe confirma encores fur le foir, par aduertiffement d’un garçon de l’aage de dix ans, natif de la ville, qui vint du camp fe rendre a nous, lequel fatiffaifoit auec raifon aux chofes qu’on luy de-
mandoit.

Lendemain, iour des Innocens, f’executa vne entreprinfe fur trois ou quatre cens cheuaulx, lefquels
pour empefcher noz faillies de la porte a Mozelle, les
ennemis mettoyent ordinairement en garde en la
plaine d’entre les deux camps. Et auoit Monfieur de
Guyfe, (comme en chofe penfee de longue main)
faict recognoiftre par le Seigneur de la Broffe &
Paule Baptifte, les moyens & chemin qu’il faudroit
tenir pour y faire vn bon effect : mefmes par autres
faillies, auoit plufieurs fois faict mefurer le temps
que le fecours leur pouuoit venir de l’un ou l’autre
camp. Il ordonna bon nombre de gents de cheual
fe rédre enuiron midy a le place du change, & es autres endroits, les plus couuerts de la ville, afin qu’on
ne les veift des haulx lieux du dehors. Et iectát pre-
mieremét Nauailles auec quinze cheuaulx dehors,
l’enuoya deuant pour reculer les fentinelles des ennemis, qu’ils auoyent affifes au bord de la mótaigne,
pour defcouurir iufques a noz portes. Et puis le Sei-

gneur Pierre auec la caualerie, pour aller faire la
charge: La gendarmerie apres, foubs Monfieur le
Prince de la Rochefuryó qui les fouftiendroit. Tous
les Princes & Seigneurs, qui eftoyent dans la ville,
furent de la partie. Le Seigneur Pierre approcha les
ennemis le plus couuertement qu'il peut, mais l'un
des leurs, qui eftoit en fentinelle tant a l'efcart, que
Nauailles ny auoit peu arriuer fans fe perdre, voyât
qu'un fi grand nombre fortoit, leur en courut donner aduis. Ils fe voulurent du commencement retirer au pas vers le camp, puis a toute bride, fe fen-
tans preffez: mais noz coureurs, & les gens du Seigneur Pierre fe trouuerent fi pres, qu'ils fe meflerent
dans eulx, & fut tout ce corps de garde forcé & rompu: demeurãs quelques vns fur la place, & trétetrois
retenuz prifonniers, tout le refte fut mis en routte.
Cefte deffaitte fut a la veue du logis de l'Empereur,
lequel incontinent commãda a ceulx de fa maifon
monter a cheual, & marcha fa cornette iufques au
pont de Magny. Or voyant Monfieur le Prince, & le
Seigneur Pierre leur entreprinfe executee, & que de
demeurer longuemét entre les deux cãps, en pourroit venir inconuenient, feirent fonner la retraitte,
a quoy fut obey d'un chafcun, bien qu'il reftaft en
la cãpagne, & a leur veue quelques charrettes & four
rageurs, fur lefquels noz gens commençoyent def-
cocher: mais le commandement, qu'en cefte & autres faillies, auoit faiêt Monfieur de Guyfe, d'obeir
au chefs de l'entreprinfe, les retint, comme fera touf
iours fort requis, qu'en tel affaire l'obeiffance y foit

T.i.

entierement rendue. Ce iour les ennemis voulurent monftrer, qu'ils n'eftoyent encores a bout de
leurs pouldres & boulets, & f'eftoyét mis de bon matin a tirer dans la ville, de douze ou quinze pieces,
qui reftoyent encores fur leurs caualiers, plus fort
qu'ils n'auoyét faict depuis la gráde batterie: cótinuás
tout lédemain, iufques enuiró minuict, qu'ayás par-
fourny le nombre de quatorze mille coups de groffes pieces & plus, depuis le dixiefme Nouembre, oul
tre douze ou quatorze cens, tirez du cofté du Marquis, ofterent toutes leurs pieces des caualiers, & les
menerét a l'abbaye Sainct Arnoul, ou vn peu deuát
le iour, ceulx de la garde des tráchees fe retirerét. Laquelle chofe eftant le matin recogneue, noz foldats
allerent incontinent gaigner la premiere tranchee
des harquebouziers au bord du foffé, & de cefte cy a
la feconde, tant qu'ils coururent toutes celles de deuát les caualiers, ou prefque tout le iour ne cefferét
d'harquebouzer les vns fur les autres, & y perdifmes
des noftres fix ou fept foldats. On veit les quatre ouuertures des mines, que les ennemis auoyent commencé, dont l'une refpondoit defia foubs la tour
d'Enfer.   Or f'eftoyét aduifez les ennemis de fournir de nuict, les ruines de Sainct Pierre defia aban-
donnees, d'un gros nombre de gens de pied & de
cheual, & iecter le matin quelques vaches paiftre affez pres de la ville vers ce cofté, pour y attirer les noftres: Mais Monfieur de Guyfe ne voulut qu'on y
fortift, preuoyant l'entreprinfe des ennemis, laquelle fe defcouurit fur le foir qu'on veit retourner ces

trouppes au logis. Quinze ou vingt cheuaulx des noftres furent enuoyez entre les deux camps, ef-fayer de faire quelque prinfe, fur tant de charroy & de gens qu'on voyoit aller de l'un a l'autre: Mais il f'y trouua fi groffe efcorte de caualerie, que noz gens f'en retournerét fans rien faire. La nuiĉt, voulant Monfieur de Guyfe donner aduis au Roy de ce commencement de retraitte, feit fortir nom-bre d'harquebouziers par le pont des Mores, pour reculer les fentinelles des ennemis, qui eftoyent affifes au bout d'iceluy, & apres eulx ieĉta le mef-fagier, lequel alla prendre le chemin de Thionuil-le, & puis tourna ou luy fembla meilleur, pour fe pouuoir feuremét conduire. Sur le premier fom-me, le feu fe print en vne maifon de la ville, ou le Capitaine Lanque eftoit logé : ioignant laquelle y auoit quelque munition de pouldre, & les greniers du Roy n'en eftoyent pas loing. L'alarme fut don-nee, dont f'allerent les gens de guerre incontinent rendre aux breches, & autres places ordonnees. Et Monfieur de Guyfe vint au lieu du feu pour fai-re remuer les pouldres, & pourueoir au demeurant, fi bien qu'il ny eut dommage que d'une partie de la maifon. Il faifoit vn trefmauuais temps, d'un vent impetueux, meflé de neige fi efpeffe, qu'on ne fe pouuoit voir ny ouir. Et de peur que cela n'in-uitaft les ennemis a quelque entreprinfe, on fe tint prefque toute la nuiĉt en armes. A quoy f'ad-ioufta vne nouuelle occafion, de ce qu'une partie du rampar, qu'on auoit faiĉt a main gauche, de l'al-

T.ii.

lee entre la porte Champeneze & le bouleuart tomba, de quoy les ennemis euffent poffible effayé fen feruir, s'il fuft aduenu quelque iour auparauant.

Lendemain apres midy, pource que quelque nõbre d'harquebouziers ennemis, fe monftroyent entre Sainct Arnoul & la ville, vers les dernieres tranchees, noz harquebouziers fortirent, & y eut vne afpre efcarmouche, ne laiffans prendre aduantage les vns fur les autres de plus de trois heures. A la fin les Efpagnols fe retirerent dans les ruines de l'abbaye, ou eftoit le fort de leur garde, & auoyent faict des canõnieres, & petites ouuertures aux murailles, d'ou ils tirerent encores quelques coups a feureté & bien couuerts, fur les noftres, & y fut bleffé au bras le Capitaine Pierre Lõgue, & auffi l'enfeigne du Capitaine Bethune, & cinq ou fix foldats morts. Du cofté de Põtiffroy, les Seigneurs de la Rochefoucaud, & de Rédan allerét battre les chemins vers Sainct Heloy, tirãs a Thionuille, par ou vne partie du camp s'en alloit, & trouuerét des Efpagnols malades, qu'on menoit en chariots, vers lefquels feirent tant d'humanité, de les laiffer paffer fans leur faire fentir nouuelle infortune. Et fe tenans encores fur le chemin, prindrent vn page, vn valet de chambre, & vn laquay du Duc d'Albe, lefquels Monfieur de Guyfe renuoya depuis par honnefteté a leur maiftre, & réuoya auffi vn nommé Iafpar Suiffe, & deux cheuaulx legiers Efpagnols, que Broilly & Mareual auoyent prins en vne faillie du vingtfeptiefme dudict mois.

Les deux iours enfuyuans fe feirent force faillies de quinze & vingt cheuaulx fur les routtes de
ceulx, qui commençoyent f'en aller, & par quelques Efpagnols, & autres des leurs, qui furent prins,
fceufmes le deflogement de l'Empereur, du Chafteau de la Orgne qui f'en eftoit parti ce premier
iour de l'an, & retiré a Thionuille, auecques le
malcontentement qu'on peut penfer, de fe veoir
defcheu de fon efperance, & fa grande armee, qu'il
auoit affemblé de diuers endrois de la Chreftien-
té, ruinee, fon entreprinfe tournee a neant, & luy
quafi mis pour feruir d'exemple a faire veoir au
monde, que la force & confeil des plus grands
hommes n'eft rien au regard de la prouidence de
Dieu. Ce mefme iour vne trouppe de noz gens de
cheual fortit par le pont des Mores, pour aller donner iufques a la file de ceulx qui paffoyent
foubs le mont Sainct Martin, & trouuerent beaucoup de caualerie Efpagnole, qui luy faifoit efcorte. Les noftres commencerent attaquer l'efcarmouche, mais l'un des ennemis appela vn de noz harquebouziers a cheual, pour f'enquerir que c'eftoit
que les Françoys demandoyent, & comme il luy
fut refpondu, qu'ils cercheoyent a combattre &
donner coup de lance: l'Efpagnol dift, leur trouppe n'eftre maintenant en eftat pour refpondre a cela, qu'ils fe retiroyent, & qu'on les laiffaft aller en
paix. Ce propos donna enuie au noftre de fcauoir

T.iii.

son nom, qui le luy dist, & se nomma le Capitaine Sucre, lequel feit incontinenr retirer ses gens.

Apres le partement de l'Empereur, ses deux camps se leuerent le deuxiesme de Ianuier, par vn ligne de feu qu'ils feirét de l'un a l'autre, sur les vnze heures de nuict, & marcha celuy de la Royne Marie iusques a Arcancy, lieue & demie de Mets, contre bas la Mozelle, & le grand soubs la conduitte du Duc d'Albe, pardela le pót de Moulins. Sur la queue duquel, deliberant Monsieur le Prince de la Roche-suryon faire lendemain vne entreprinse, auec sa cópagnie, & cent cheuaulx de celle de Monsieur de Guyse, ensemble les cheuaulx legiers du Seigneur de Rendan. Messieurs d'Anguyen, de Condé, de Nemours, Grand prieur de France, Marquis d'Albeuf, Duc Horace, de Montmorency, Vidame de Chartres, Danuille, & autres seigneurs en voulurét estre. Et n'ayás autre yssue que par la poterne des moulins de la Seille, furent contraincts mettre pied a terre pour sortir. En quoy alla tant de temps, que les ennemis eurent cependant passé ce pont de Moulins, ayants laissé au bout d'iceluy, & a l'aduenue de la ville, vn gros nombre d'harquebouziers & de corselers, lesquels, pource qu'il estoit trop dangereux de les enfoncer la ou ils estoyent, les nostres essayerent souuent les attirer a la campagne: mais ils n'y voulurent venir: Dont, s'en retournás, eurent le spectacle d'une si grande ruine de camp, qu'on eust plus tost iugé l'armee y auoir esté vaincue, que s'en estre leuee: Tant d'hommes morts de quel costé qu'on

regardaſt, beaucoup a qui ne reſtoit qu'un peu de
vie, & vne infinité de malades qu'on oyoit plaindre
dans les loges, leſquelles a ceſte occaſion, ils auoyẽt
laiſſees entieres : en chaſcun quartier cimitieres
grands, & fraiſchement labourez, les chemins couuerts de cheuaulx morts, les tentes, les armes, & autres meubles abandonnez : & generalement vne ſi
gráde miſere en tout, qu'elle eſmeut a compaſſion,
ceulx meſmes qui leur eſtoyent iuſtement ennemis. Ils trouuerent d'auantage plus de douze mille
pains & autres viures gaſtez. Par ou lon peult cognoiſtre, que la prouidence de l'Empereur, eſtoit
merueilleuſe, d'auoir ſi longuement, & en hyuer, en-
tretenu vn tel & ſi grand peuple, ſans aucune diſet-
te, en pays deſia ruiné & deſtruict.   Peult eſtre que
ſi le rigoreux commandement de la guerre euſt
eſté en main d'un Prince non tant humain, que
Monſieur de Guyſe, qu'on euſt enuoyé incontinent
mettre le feu par tout le camp : mais ſa pitié ne le
peut ſouffrir, ains enuoya aſſembler les malades,
ordonnát vne charitable aulmoſne, pour les nourrir & guerir : & ſepulture a ceulx qui eſtoyent deſia
treſpaſſez. Puis, feit entendre au Duc d'Albe, que
ſ'il vouloit enuoyer de ſes gens pour leur pouruoir,
& les conduire a Thionuille, ils les accommode-
roit voluntiers de batteaux bien couuerts pour les
y mener. Au moyen dequoy, il adiouſta a ſon nom
(bien que treſgrand de beaucoup d'autres louables
oeuures) encores ceſte humanité, qui en rendra &
la memoire, & luymeſmes immortels.   Des le

matin le Duc d'Albe auoit enuoyé vers luy vn trópette, pour le prier de receuoir en la ville, vn gentilhomme Efpagnol, nommé le Seigneur Rouméro, fort malade, afin d'y eftre traicté, & qu'il luy
pleuft l'auoir en recommandation: ce que fut liberalement accordé, & ledict Rouméro receu auec
ceulx qu'on luy auoit laiffé pour le feruir. Ce mefme iour le Seigneur de la Broffe, auecques la compagnie de Monfieur de Lorraine, celles du Seigneur de Gounor & du Capitaine Lanque, enfemble quelques foldats du Capitaine Voguedemar, for
tirent par la porte Saincte Barbe, pour aller donner fur la queue du camp de la Royne Marie : mais
il auoit tant cheminé depuis enuiron minuict, que
le Seigneur de la Broffe ne trouua autre chofe, fors
vne pitié pareille a celle qui auoit efté veue de l'autre cofté. Voguedemar auecques fes foldats defcendit vers la riuiere, & paffa iufques au village de Mal-
leroy, ou il trouua fept ou huict vingts caques de
pouldre, qui furent gardees quelque temps, foubs
efperance de faire defcendre des batteaux, & amener le tout dans la ville : mais fentant approcher la
nuict, & qu'une longue attente feroit dangereufe,
mefmes que beaucoup d'ennemis du camp du Duc
d'Albe, n'en logeoyent pas loing, fut aduifé d'y mettre le feu . Encores fur le hault, le Seigneur de la
Broffe veit les marques de beaucoup de pouldre
bruflee par trainees, & grand nombre de boulets,
que les ennemis auoyent laiffé, comme auffi en a-
uoyent laiffé beaucoup a l'autre camp, & mefmes

en auoyent enfeuely foubs terre, par ou fe defcouurit encores mieulx le grād appareil de guerre, que
l'Empereur auoit mené, & la licence qu'il f'eftoit
donné d'en prendre en paffant par les villes d'Alemaigne. Lon a creu, que les cinq cens milliers de
pouldres, dont ils nous menaffoyent tant, furent a
peu pres employez ou gaftez.

Quand il fut nuict, Monfieur de Guyfe defpefcha
le Seigneur Thomas Delueche, pour aller donner
aduis au Roy du fuccez de ce fiege, & des termes en
quoy lesgrādes forces de l'ennemy eftoyēt reduictes.
Et lendemain, vn nombre de cheuaulx fut enuoyé
vers Saincte Barbe, fur le chemin que le Seigneur de
Brabançon, & ceulx du pays bas tenoyent. Et apres
les auoir fuyuiz tout le iour, ne les peurent attain-
dre, n'y trouuerent autre chofe que quelques reliques de morts & malades, d'armes & bagage abandonnez par les chemins.

Le Marquis Albert n'auoit encores rien remué,
ains le iour precedāt auoit tiré de dixhuict ou vingt
pieces a toute oultrance, dans la ville, comme pour
defcharger fon charroy de cefte munition. Et pource qu'on veit quelques harquebouziers Efpagnols
en imbofcade, affez pres de fon camp, Monfieur de
Guyfe enuoya trente cheuaulx auecques Mouferie
par Pontiffroy, pour les recognoiftre. Noz coureurs
f'approcherent iufques a donner coup de harquebouze dans eulx, mais ils ne voulurent venir a
l'efcarmouche.

Le iour d'apres, le Marquis ne feit encores fem-
V.i.

blant de bouger, & y auoit par deça ſon camp, le lõg
de la plaine, en bataille, autre nombre de gẽs de cheual, qu'on ſceut depuis eſtre Bohemoys, ſe tenants
lá comme pour eſcorte de quelque charroy, lequel,
a iuger de loing, on eſtimoit eſtre artillerie. Le Seigneur de Biron eut cõmandement, auec trente cheuaulx, d'aller veoir que c'eſtoit : Ainſi qu'il ſortoit
par le pont des Mores, huict cheuaulx des ennemis,
qui eſtoyent en ſentinelle derriere la croix dudict
pont, ſe monſtrerent : leſquels le Guydon de la compagnie de Monſieur le Prince de la Rocheſuryon,
auec trois cheuaulx de noz coureurs, alla charger, &
preuoyant le Seigneur de Biron, que le ieu viẽdroit
eſtre mal party, meſmes que ſix cheuaulx ſ'approchoyent encores de renfort aux ennemis, il enuoya
le Seigneur de Dãpierre, & trois autres des noſtres,
ſe ioindre aux premiers, qui eſtoyent deſia meſlez :
Et auoit ledict Guydon eſté bleſſé, ſe trouuans les
vns ſi auant dans les autres, que venant autre trouppe d'ennemis bien forts, comme eſt leur couſtume,
& qui n'eſtoyent gueres loing de lá, vn des noſtres ne
ſe peut demeſler : & pour la faulte de ſon cheual qui
tomba, fut retenu priſonnier. Le demeurant print la
cargue, & furent ſuyuiz iuſques ſur les bras du Seigneur de Biron, lequel voyant les ennemis ſi pres,
encor qu'en grãd nombre, comme de ſept ou huict
vingts, delibera les ſouſtenir, de peur que ſ'il ſe retiroit ſans faire teſte, ſes coureurs fuſſent perduz, &
que les ennemis ſe vinſſent meſler dans ſa trouppe,
en danger de la rompre. Parquoy commanda qu'on

chargeaſt,& tout a vn coup les noſtres dõnerent dedãs les ennemis: leſquels apres que leur opiniaſtreté
eut duré quelque temps a coups de piſtolet, ils furent a la fin contrainѓts tourner le doz,& furĕt chaſſez plus loing que le Seigneur de Birõ n'euſt voulu,
qui ſ'efforça retenir les noſtres: mais il faiſoit ſi beau
ſuyure les autres, qu'ils furent menez battant plus
de quatre ou cinq cens pas, portans par terre, & exe-
cutans ceulx qui peurent eſtre attaints. Et pource
qu'il ſe mõſtroit autre trouppe d'ennemis bien ſerrez, a main droiѓte, il meit peine de raſſembler la
ſienne, & ſe retira peu a peu, monſtrant pluſieurs
fois viſage, iuſques au pont, ſans perte, que d'un ſe-
cond priſonnier,& d'un autre tué. Ceſte eſcarmouche auoit prins vn dãgereux commencemĕt, con-
ſideré la force des ennemis: mais la fin reuint a eſtre
bien & heureuſement conduitte. Les Seigneurs de
Duras,de Bordeille,de Mortamar, de ſainѓt Supplice, & la Couldre ſ'y trouuerĕt,qui feirent bien le deuoir.   Et ſceut lors Mõſieur de Guyſe, que ce camp
du Marquis n'arreſtoit que pour l'artillerie de l'Empereur, laquelle n'eſtoit encores paſſee, & marchoit
a grande peine, a cauſe que le temps eſtoit au degel,
& la neige fondoit,par ou le pays eſtoit rendu ſi mol
& enfondré, qu'un cheual deliure auoit aſſez affaire
a ſ'en retirer : meſmement qu'une partie de leurs
pieces eſtoyĕt doubles Canõs ou Baſilics, & preſque
toutes de plus gros calibre,que ne ſont communee-
ment les noſtres.   Ceſte meſme cauſe auoit auſſi
contrainѓt & contraignoit encores le Duc d'Albe
V.ii.

tenir ſon camp au pont des Moulins, a trop grande
perte de ſes gens, qui mouroyent touſiours : mais il
ne vouloit auoir la honte d’abandonner l’artillerie.
Ce iour le Vidame de Chartres fut, auec quelque
nombre de cheuaulx, vers Saincte Barbe, & ſappro-
cha de la riuiere, ou veit de l’autre coſté, la file de
ceulx qui ſe retiroyent touſiours vers Thionuille,
ſur leſquels il ſaduiſa d’une entreprinſe, & conſide-
ra la commodité du lieu pour l’executer.　La nuiçt
il y feit deſcédre deux batteaux, & luymeſmes lendemain matin ſy trouua, auec vingtcinq ou trente
harquebouziers, & autant de gens de cheual : & iecta
de ces gens de cheual ſur le coſté des ennemis, autãt
que les deux batteaux en peurent paſſer pour vne
fois, enſemble dix harquebouziers pour la garde de
chaſcũ batteau : leſquels cheuaulx paſſez oultre, cou
uerts ſur les armes & croix, de manteaux & gabans,
ſe ſaiſirent premierement des trois ou quatre premiers chariots qu’ils trouuerent : leſquels ils renge-
rent en forme de barriere deuant les batteaux, pour
ſauluer leur retraitte, & ſe pouuoir embarquer, ſils
eſtoyent forcez de gros nombre de caualerie : puis
retournans ſe pourmener le long du chemin, trouuoyent maintenant ſix, puis huiçt, tantoſt dix des
ennemis, auſquels ils faiſoyent entendre, que leur
plus court eſtoit paſſer le long de l’eaue, & y adiou-
ſtoyét la force, quand ils n’y vouloyent aller de gré :
ou les ayants deſualizez, les en enuoyoyent oultre,
afin que ceulx qui venoyent aprés, n’en euſſent cognoiſſance. La file ſy adreſſa d’ellemeſme, ſi eſpeſſe,

que les noftres eftoyent affez embefongnez de les
defpefcher, retenans ceulx qu'ils iugeoyent pouuoir
payer quelque rançon. Ce paffetemps dura enuiron
deux heures, fur trois ou quatre cés: & l'euft encores
le Vidame continué, fans vn Efpagnol mefmes prifonnier, lequel, l'ayant veu rendre vne belle ieune
femme a vn Alemant, qui difoit l'auoir efpoufee,
meu de cefte honnefteté, l'aduertit fe retirer de bóne heure, & que toute la caualerie Efpagnolle eftoit
logee aux enuirons, laquelle en moins de rien pourroit eftre fur luy : dont prenant ce confeil, ne fut fi
toft repaffé a fon bord, que cefte caualerie fe monftra de l'autre part, laquelle ne luy peut faire plus
grand mal, que de luy en fouhaiter.

L'aprefdifnee, deux gros efquadrós de gens de cheual furent veuz du cofté du Marquis, aufquels Monfieur de Guyfe enuoya Nauailles, auec vingt & cinq
cheuaulx, attaquer vne efcarmouche, pour en attirer vne partie, f'il pouuoit, vers la croix, ou defia
f'eftoyent iectez bon nombre d'harquebouziers &
corfelets pour les receuoir. Les ennemis fe tindrent
toufiours ferrez, & n'enuoyerent que quelque petit
nombre d'harquebouziers a cheual fur les noftres,
nó gueres loing de leur trouppe, qui fe harquebou-
zerent vn temps les vns les autres.

Or y auoit il vne ifle dedás la Mozelle, qu'on appelle
le pré de l'hofpital, & venoit par l'un des bouts, ioindre bien pres du pont des Mores, f'eftendant puis-
apres contremont la riuiere, iufques a trois ou quatre cens pas de l'abbaye Sainct Martin, & autant iuf-

• V.iii.

ques au champ de Waſſieux, ou le bout des tranchees des ennemis reſpondoit. Monſieur de Guyſe
auoit ſouuent penſé y iecter de l'artillerie, pour tirer dans l'un des deux camps, ne fuſt l'inconuenient
qu'il ſeroit touſiours battu de l'autre par le derriere:
Auſſi eſtoit dager qu'auec nombre de batteaux, que
les ennemis euſſent aiſeement recouuert, & faict
deſcendre, eſtans maiſtres du pont a Mouſſon, vinſſent iecter nombre de gens dans l'iſle, & gaigner noz
pieces: Mais a ceſte heure qu'ils auoyent abandonné
le pont a Mouſſon, & n'auions plus ennemis que
d'un coſté, luy ſembla eſtre temps de mettre a effect
ſa deliberation. Et premierement feit paſſer dans
ceſte iſle deux Baſtardes, qu'on approcha, le plus que
lon peut, du camp du Marquis, & eſſaya lon d'en tirer a ces eſquadres d'ennemis, qui ſe tenoyent derriere les eſcarmoucheurs: touteſſois la haulteur du
bord de la riuiere de leur coſté les couuroit, & garda
qu'on ne les peut gueres offenſer. Depuis on y paſſa
vn Canõ, vne longue Couleurine, & quelques Faul-
conneaulx, afin de faſcher le Marquis dans ſon cãp,
& le contraindre de laiſſer le logis du mont Sainct
Martin.

Cepẽdant Monſieur le Duc de Neuers (qui ſ'eſtoit
longuemẽt tenu a Thoul auec bon nombre de cheuaulx, pour garder que l'ennemy ne iouiſt de ce
quartier de pays, & luy coupper touſiours les viures) vint a Mets, ou il n'eut peu de plaiſir a veoir le
bon eſtat de toutes noz choſes, & l'ordre qui auoit
eſté mis pour repoulſer l'ennemy. Eſtant l'apreſ-

difnee du cofté des ponts, auecques Monfieur de
Guyfe, pour voir le camp du Marquis, & recognoiftre s'il y auoit moyen d'y rien entreprendre, Monfieur de Nemours fortit, auec quelques cheuaulx
de fa compagnie, & la compagnie du Seigneur de
Rédan, enuoyant les Seigneurs de Clermont, Suze,
la Roue, Dampierre, Sombarnon, & trois ou quatre
autres donner iufques au camp, ou les ennemis ne
coururent a autres armes, qu'a l'artillerie, qu'ils feirent tirer incontinent, fans donner a cognoiftre
qu'ils voulfiffent fortir de leur fort, laiffants aux
noftres maiftrifer la campagne iufques aupres de
leurs tentes.   Encores le iour apres le Conte de la
Rochefoucault & le Capitaine Lanque fortirét, afin
que iamais on ne leur laiffaft prédre le repos, qu'on
leur pourroit ofter, & allerent les coureurs tuer des
Alemás iufques dans le camp, approchans a foixante pas de leur artillerie, fans que leurs gens de cheual
fe móftraffent.   Et lendemain au poinct du iour,
les noftres (couuerts d'une petite tráchee, dans l'ifle
& pré de l'hofpital) commencerent tirer a l'Eglife &
Abbaye ou le Marquis eftoit logé, & au long de fon
camp, qui nous eftoit quafi tout en bute, lequel eut
a fouffrir cela iufques au foir : & non feulement tint
on fubiects ceulx cy, mais encores quelques fqua-
drons de caualerie que le Duc d'Albe auoit enuoyé
en la plaine, pour efcorte de leur artillerie, qui marchoit toufiours vers le port d'Olizy, ou lon l'embar-
quoit pour de là la conduire a Thionuille, lefquels
au paffer & repaffer du chemin, qui eft entre le mont

Sainct Martin & noz pieces, se desbandoyent, courans sans attendre les vns les autres, pour se iecter hors de la portee. Les deux cãps du Duc d'Albe & du Marquis se leuerẽt lendemain matin, & eut leur caualerie passé auant iour, tant de la plaine, que noz pieces pouuoyent battre : & s'alla renger en esquadrons au pied du coustau, attendant les gens de pied, lesquels laissants la plaine, feirent vn chemin nouueau a trauers, & au pendant des vignes, pour s'asseurer du canon : puis vindrent regaigner les gens de cheual en la plaine. Monsieur de Guyse feit sortir quinze ou vingt cheuaulx de sa compagnie, & huict ou dix harquebouziers du Capitaine Lanque, qui leur attaquerent l'escarmouche, & leur furent sur les bras iusques a midy, qu'on les enuoya rafraischir de pareil nombre, iusques a la nuict, que les nostres retournerent en la ville, & les autres prindrent logis aux premiers villages pres d'Olizy. Monsieur de Guyse visita les deux lieux, de Moulins, & du mont Sainct Martin, ausquels & a Longeuille, Chazelles, Seyc, & autres villages d'alentour, il trouua de merueilleuses restes de morts & malades, de sorte que nous iugeons la perte d'hommes, qui pouuoit auoir esté aux trois camps, d'enuiron vingt mille: Et beaucoup des leurs, qui tõberent depuis prisonniers es mains des nostres, nous asseurerent, que le nõbre passoit iusques a trente, & possible trentecinq mille.

Quelque autre iour apres, Monsieur de Guyse alla veoir le lieu ou auoit esté le cãp de la Royne Marie, laissant dans la ville (pour ne demeurer despour-

ueue de conseil & conduitte) Monsieur le gouuerneur, & quelques autres de qualité, ainsi qu'il auoit
accoustumé faire, toutes les fois qu'il sortoit dehors.
Et furét trouuees des trāchees & flancs en ce camp,
vers la venue de la ville, tout ainsi que si les ennemis
eussent eu en teste, vne armee de pareille ou plus
grande force a la leur. Il coula le long de l'eaue pour
veoir le logis & port d'Olizy, que le Duc d'Albe a-
uoit prins, lequel estoit de l'autre bord en lieu hault,
& dominoit la plaine basse & raze, du costé de deça,
en laquelle ils auoyent releué vn fort de terre, & y
tenoyét desharquebouziers, pour la seureté du port,
afin que les nostres n'empeschassét, d'un bord a l'au
tre, l'embarquement de leurs pieces : desquelles en
auoyent cependant logé six bien a propos, pour defendre les deux costez du fort, & veritablement le
lieu estoit choisy en gens de guerre, & a bon auantage pour eulx. Le Vidame de Chartres alla escarmoucher ces harquebouziers du fort, qui sortirent a
la campagne, soubz la faueur d'un gros nõbre d'autres, logez a vn prochain village, qui leur vindrent
au secours, & ne fut a la fin passé a gueres grand
combat d'un costé n'y d'autre : bien fut remarqué
par les nostres, le moyen de surprendre dans le logis ces derniers venuz : mais eulx craignans ceste
entreprinse, repasserent des la nuict l'eaue, & ne les
trouuasmes au village le iour d'apres, que Monsieur
de Guyse mesmes y fut auecques bon nombre de
gens de pied & de cheual.   De l'autre costé, les Seigneurs de la Brosse, & de Touchepres, auec quaran-

X.i.

te ou cinquante cheuaulx, eſtoyent allez a la queue
du camp, pour recognoiſtre l'ordre qu'ils tenoyent
a leur retraitte. Et furēt iuſques au chaſteau de Donchamp, d'ou ils furēt deſcouuerts, & ſortit bon nōbre de ſoldats les charger a coup de harquebouze
de foſſé en foſſé, comme le pays en eſt bien garny,
qui fut cauſe de les faire retirer ſans paſſer plus auāt,
& n'y eut rien perdu de noſtre coſté.

Apres cecy, Monſieur le Mareſchal de Sainct An-
dre arriua, auec vne trouppe de gendarmerie & caualerie, lequel auoit tenu dix ou douze iours la campagne, pour faſcher les ennemis, & les garder de ſ'eſ-
largir, comme auſſi durāt le ſiege, il leur auoit touſiours defendu les terres de Verdun, & des enuirons,
meſmes faict pluſieurs belles deffaictes ſur eulx, &
ſouuent auoit enuoyé donner des alarmes, iuſques
au camp, qui eſtoit deuant Mets. Or nous trouuans,
pour ſa venue, beaucoup renforcez de gens de cheual, fut mis en conſeil, comme on pourroit offencer les ennemis: car nous voulions a leur retraitte,
eſſayer touts les moyens qui ſeroyent bons & aſſeurez pour le faire. Il fut trouué, que a cauſe de la
grande riuiere, qui leur flanquoit le coſté droit, &
la faueur que leur faiſoit a gauche : la foreſt de Brey,
fort eſpeſſe & bien aduātageuſe pour gens de pied,
& qu'ils auoyent mis grand force d'harquebouziers
auecques leur caualerie ſur la queue, auſſi beaucoup de mauuais paſſages & eſtroicts iuſques a leur
logis, on ne pourroit rien entreprendre ſur eulx, qu'a
noſtre trop grand deſaduantage: touteffois le Sei-

gneur Paule Baptiste eut commandement d'aller
encores veoir de pres, si la commodité d'aucũlieu,
ou quelque desordre d'étre eulx, nous pourroit bailler occasion de les aller visiter: mais il ne trouua autre chose en leur camp, qu'un grãd nombre d'affuts,
flacques, & rouages d'artillerie laissez sur la place, &
sur le port: ayans eulx passé le pont de Rozemont, &
approché Thionuille. Dont fut consideré, puis qu'ils
s'estoyent acheminez, qu'ils marcheroyent lendemain encores par dela, & nous esloignerions par
trop de la retraitte, si on les poursuiuoit si auant, parquoy Mõsieur de Guyse se dõna repos de telle chose.

C'est a peu pres le sommaire de tout ce qu'est aduenu en ce siege de Mets, grãd & notable pour beaucoup de respects, soit pour la grandeur de l'Empereur, qui en auoit iuré l'entreprinse, & pour le nõbre
des Princes qui estoyent auec luy, soit pour toutes
ses forces & appareil de guerre qu'il y auoit amené,
& pour la longueur du temps qu'il a campé deuant.
D'autre costé, l'importance de la ville, en laquelle
consistoit vn grand aduãtage de la guerre commẽ-
cee entre ces deux Princes. Les personnages de qualité, qui estoyent dedans pour la garder. La louange
que noz gẽs de guerre se peuuẽt donner, de l'auoir
fortifiee, auitaillee, & defendue pour le Roy en cinq
mois. Oultre tant d'autres belles & grandes choses
qui s'y sont faictes, ou si la vaillance & le bien faire
d'aucuns ne s'y trouuent recitez, comme ils meri-
tent, ils soyent asseurez qu'il n'a tenu a l'auoir voulu, mais a ne l'auoir sceu, ou ne l'auoir sceu bien fai-

X.ii.

re:ce qui les venge assez de moy en ce, que mõ igno-
rance reuient a punition de mon default, & souhai-
terois, pour le reparer, a la faueur de ceulx qui pourroyent auoir occasion de se plaindre, auoir aussi peu
obmis de la verité, comme suis trescertain ny auoir
rien adiousté.

Lendemain, dimenche quinzieme du mois, fut
faicte vne procession generale, a laquelle s'assemble-
rent toutes les eglises, Cõuents & Colleiges de la ville, & y assista Mõsieur de Guyse, ensemble les autres
Princes, Seigneurs & gens de guerre, en toute deuotion, rendans graces a Dieu de nous auoir tenu la
main a la defence de la ville, & a nous sauluer de la
puissance des ennemis. Et pource que Mõsieur de
Guyse fut aduerti, qu'en plusieurs lieux de la ville, y
auoit des liures contenants doctrine reprouuee, il
les feit, sans scandale d'aucun, touts assembler en
vn lieu, & y mettre le feu, donnant ordre que les
habitans eussent pour l'aduenir a suyure vn train de
meilleure vie, qu'auparauant qu'ils eussent esté receuz a la protection du Roy.

Le lundi fut publié vne ordonnance de par luy,
pour le retour des habitans, commettant des Capitaines, & aultres personnages de qualité, a s'enquerir
par tous les quartiers, s'il y auoit esté faict aucũ desordre par les soldats, dont en peut sortir plainte raisonnable, afin d'y pourueoir au mieulx qu'il seroit
possible.

Et les iours apres, il regarda a la police des citoyés
& habitans, que le trouble du siege auoit aucunemét

alteree & changee, pour la remettre en mefme eftat
qu'auparauāt. Auffi a la fortification de la ville, pour
redreffer les breches & ruines, que le canon y auoit
faictes, auecques la pourfuitte des autres chofes, qui
auoyent efté mifes en deffeing. Puis feit faire la mõ-
ftre generale aux gens de guerre, tant de pied que de
cheual, auec payement de tout le tẽps qu'ils auoyent
ferui, & qui leur eftoit deu. En quoy la liberalité du
Roy fe monftra, de ne precõpter en rien les viures
qu'ils auoyent eu, & qui leur auoyent efté diftribuez
durant le fiege. Offrant en oultre Monfieur de Guyfe, d'obtenir pour eulx, autres plufieurs bienffaicts
& particulieres graces du Roy, felon la cognoiffance
qu'il auoit des merites d'un chafcũ, ainfi que depuis
il f'y employa trefuolũtiers. Et ayant ordõné du nõbre des gens de guerre qui demeureroyent par apres
dãs la ville, la laiffa en la garde du Seigneur de Gounor gouuerneur d'icelle: & le vingtquatriefme iour
dudict mois f'en retourna vers le Roy.

A La venue de la riuiere de la Mozelle, ſur laquelle, la premiere marque qu'on veoit, eſt le põt de Moulins. La ſeconde, eſt la Grande Chauſſee qui ſouſtiẽt le courãt de l'eaue, pour en faire paſſer vne partie dãs la ville: Puis ſe font quelques iſles, deſquelles la plus baſſe ſ'appelle le pré de l'hoſpital, & quaſi ioignant icelle, eſt l'un des ponts de la ville, qu'on diſt le põt des Mores, hors des murailles: vn peu plus bas, eſt le Pontiffroy. L'autre bras de la riuiere entre dedans la ville par deſſoubs le hault pont des Barres: Et apres ſe font quelques iſlettes au milieu de la ville, appelees du Saulcy, ou y a pluſieurs moulins a pouldre & a bled. Et va ceſte eaue ſortir par deſſoubs le bas pont des Barres, derriere lequel, au dedãs de la ville, y a de gros paulx plantez, qu'on nomme la Paliſicade. Puis au bout de la ville, dehors la muraille, ceſte riuiere recoit celle de la Seille, & vont toutes deux trouuer encores plus bas le grãd canal de la Mozelle, laiſſant entre deux vne pleine, qui ioingt la ville du coſté de Septentrion, & l'appelle l'on la grande iſle.

B La venue de la petite riuiere de la Seille, ſur laquelle la premiere marque eſt le pont de Magny, ainſi appelé a cauſe du village de Magny qui eſt aupres. La ſeconde eſt le pont, que Monſieur le Conneſtable y feit faire. Puis ceſte riuiere entre dans la ville, ſoubs les haultes grilles du granier, ou y a des moulins, & en ſort au grãd granier, qu'on nõme de la baſſe Seille, auquel endroit y a d'autres moulins. Et apres ſe va ioindre, au deſſoubs de la ville hors la muraille, a la riuiere de la Mozelle, ou elle pert ſon nom.

C La porte ſainſte Barbe, & les deux bouleuarts, auecques vne courtine tiree entre deux, pour retrancher la ville, depuis les moulins de la baſſe Seille, iuſques a la grande muraille, qui regarde la Mozelle, quaſi ioignant le bas pont des Barres, & pluſieurs tours a l'entour de la muraille, du quartier ainſi retranché.

D La porte, portail & rauelin des Alemans, ramparez: & d'un coſté, iuſques a l'endroit du retranchement, y a vn rampar dans la faulſebraye: & de l'autre coſté, par dedãs

la ville, vne tranchee, auec rampar des deux coſtez, iuſques a la plateforme de la porte Mezelle: puis au dehors de la porte, contremont les vignes, ſont les deux ruynes, de ſainſte Eliſabet la premiere, & la ſeconde de Brimba: Encores plus hault en la plaine, ſont les bordes de Vaillieres & de Bonny, qui ne ſe monſtrent point.

E La porte Mezelle, & vne plateforme tout ioignant, & par dehors la muraille, eſt la Chauſſee des moulins, par ou la Seille entre dans la ville, ioignant leſquels moulins, par le dedans, cõmence vn rampar, iuſques a la plateforme de l'egliſe ſainſt Thibauld, & de la diſte plateforme ſ'en continue vn autre iuſques a l'egliſe des Auguſtins.

F L'egliſe des Celeſtins, ſur la terraſſe de laquelle y auoit quelques pieces d'artillerie.

G Porte ſainſt Thibauld terraſſee, & tout ioignant eſt le rampar qui ſ'eſtend iuſques a la premiere encoigneure, ou ſouloit eſtre la chappelle des prez, lequel rampar ſe continue encores, iuſques a l'egliſe de ſainſt Gengoulf, qui fait vne autre encoigneure: Et bien pres eſt encores vne autre troiſieme encoigneure, appelee de Sainſte Clocine, deuant laquellꝫ par dedans la faulſebraye, eſt la plateforme verte, & au coing vne tour appelee Coumoufle: Puis au meſme endroit, au dedans de la ville, y a vne autre plateforme, pour confort de la verte, & vn rampar pourſuyuy iuſques a la porte Champeneze.

H La porte Champeneze, & deux terreins releuez des deux coſtez, ſeruans d'eſpaule, pour couurir le portail, depuis lequel iuſques au gros bouleuart eſt l'allee, ramparee des deux coſtez, auec des canonnieres, qui regardent dans le foſſé, vers la tour d'Enfer.

I Le gros bouleuart rond, & vn bon rãpar a la teſte d'iceluy, auec des trauerſes au derriere: Enſemble l'auantporte Champeneze terraſſee, a laquelle les arceaux du pont de pierre pour y venir, furent rompuz.

K Vn Terrein, en facon de plateforme, haulſé derriere la tour d'Enfer, pour battre vers la porte de ladiſte tour, & garder qu'õ ne peuſt courir la faulſebraye deuers ce coſté.

L La grande breche, & les ruynes des

trois tours des Vvassieux , Ligniers , & de
sainct Mihel, ensemble du pan de mur d'entre
icelles,abbatu du Canon:Et le grand rampar
faict par derriere.

M Plateforme,appelee de saincte Marie.

N La tour d'Enfer ruynee, & au long de
la muraille en l'encoigneure vers la riuiere,
sont les tours des Boulengiers & Charpentiers,derriere lesquelles par dedans la ville, se
veoit vne tranchee,& vn rampar : Puis suyuant ladicte muraille,iusques a ce hault pont
des Barres,y a plusieurs tours,qui s'appellent
du nom de plusieurs mestiers de ceulx de la
ville.

O La porte aux Mores terrassee , & de
mesme son rauelin par dehors,puis suyuant la
muraille iusques a Pontiffroy y a plusieurs
tours des mestiers de la ville.

P La porte & rauelin de Pontiffroy ter-
rassez , & en l'encoigneure d'aupres y a vne
plateforme,& bien peu plus auant est le commencement d'vne tranchee , auec vn rampar
iusques au recoing de la tour des Charriers:
au dela de ladicte tour, se continue vne autre
tranchee auec rampar , trauerses , & deux
flancs aux bouts . Puis la grande plateforme
de la porte des Rats , & ce qui est ramparé
iusques au bas pont des Barres.

Q Grande place de la ville appelee de
Champasage, en laquelle est la maison de Sire
Iehan Droin,ou Môsieur de Guyse feit son pre-
mier logis.

R Petite place appelee du Change.

S Place du marché deuant l'eglise de
l'Euesché.

T La grande eglise de l'Euesché.

V L'eglise de saincte Croix.

X L'eglise de saincte Seglene,la voulte de
laquelle estoit habillee en plateforme,& auoit
on mis de l'artillerie dessus.

Y L'eglise des Carmes, dont la voulte fut
aussi habillee en plateforme & de l'artillerie
dessus.

Z L'eglise des Cordeliers , & la voulte
d'icelle en plateforme , auec des pieces d'artillerie.

a L'eglise sainct Martin & sur le Clochier, qui estoit faict en terrasse , y auoit des
pieces legieres.

b L'eglise des Augustins.

c L'eglise de saincte Glocine, conuent de
religieuses , ou Monsieur de Guyse feit son second logis,quand les ennemis vindrêt a sainct

Arnoul.

d Petite eglise de saincte Marie.

e L'eglise de sainct Symphorien , & vne
terrasse en facon de plateforme tout ioignãt,
qui cômande sur la plaine,par dela la riuiere
de la Mozelle.

f Abbaye & eglise de Sainct Vincent.

g Lieu ou estoit l'ordre pour defendre la
breche.

h Autre lieu ou estoyent ordônez des gês
de guerre,pour le secours de l'assault.

i Encores autre lieu de secours , pour
l'assault.

lz Mont Chastillon , derriere lequel est le
lieu de Grimont,& au bas,pres de la riuiere,
est le village de Maleroy.

l Montaigne d'Ezirmont , ou autrement
de la belle croix,& a costé dãs la Colline, est
le bourg sainct Iulian, ou y a vn petit pont de
pierre . Aupres de ladicte Croix, se veoit vne
tranchee des ennemis , auec quelques pieces
d'artillerie.

m Le chasteau de la Orgne,logis de l'Empereur.

n Camp des Espagnols.

o L'eglise de sainct Andrieu,& a l'êtour
vne partie des Italiens campez.

p Abbaye & eglise de sainct Clement.

q Place pour les munitions des viures du
camp de l'Empereur.

r Camp d'vne partie des Alemans.

ſ Place ou les ennemis se mettoyent en bataille.

s L'eglise de sainct Priech,pres de laquelle
sont les grâches aux dames & aux merciers,
& plus auãt sont les villages de Bleri & Ole-
ri,qui ne se monstrent au plant.

ſſ La maladerie.

t Vn des premiers Caualliers,que les ennemis feirent pour mettre leurs pieces en batterie,& au pied d'iceluy,commencêt les grãdes tranchees , qui s'estendent vers la porte
sainct Thibauld: encores veoit on par deuant
icelles vne autre petite tranchee plus approchee des murailles de la ville.

v Autre Cauallier a mettre pieces en batterie,que les ennemis feirent du commencemêt
pres la Chappelle de la Magdalene.

u Nombre de Gabions , & vne tranchee
par deuant , pres d'vn vieil pilastre dans les
vignes.

x La grande Gabionade , au long du
Champ Papane , dou les ennemis fcirent la

principale batterie, & veoit on derriere les
tranchees pour y venir a couuert.

y Petit Cauallier dreßé au champ de
VVaßieux, pour battre la tour d'Enfer.

z Autre petit Cauallier, sur le bord du
foßé de la ville, auec des pieces d'artillerie,
qui plongoyent au deßoubs du courdon de ladicte tour d'Enfer.

& La tranchee des harquebouziers ennemis au bord du foßé, & les quatre Mines que
les ennemis auoyent faictes.

aa L'entree d'une côtremine, derriere le
terrain, qui sert d'espaule a la porte Champeneze dans la faulsebraye, tirant vers la
breche, & y auoit encores autres trois contremines qui ne se peuuent monstrer au plãt.

bb Le Chasteau de Montigny.

cc Le Chasteau & village de Moulins, &
de la tirant contrebas la Mozelle, se voyent
les villages de Chazelles, Longeuille, & Seic.

dd Le mont sainct Quentin, & au plus
hault vn Hermitage auec sa chappelle.

ee L'abbaye & mont sainct Martin, ou
estoit campé le Marquis Albert, auecques ses
trouppes.

ff L'abbaye & Eglise de sainct Arnoul, et
son bourg ruinez.

gg La Croix au bout du pont des Mores.

hh L'eglise sainct Heloy.

ii Port sur la Mozelle appelé d'Olizy.

lzlz Tranchee & Fort faict par les ennemis, deuant le port d'Olizy, de l'autre costé
de la riuiere, pour la seureté de l'embarquement de leur artillerie.

ll L'eglise & Abbaye de sainct Pierre
des champs.

Estant le precedant discours sur

la presse, l'Imprimeur d'aduenture a recouuert vn roole des
Princes, Seigneurs, Capitaines, & autres gentilshommes
& gens de guerre, qui estoyent dans Mets durant le siege,
& la adiousté icy, pensant que telle chose sera bien conuenable a la suitte des autres, que l'autheur y a couchees:en
quoy si le rang n'est obserué selon la dignité de ceulx qui y
sont nommez,il sera excusé, pour n'auoir la particuliere cognoissance de la plus grande partie d'iceulx, ayant suyuy en
cela, le memoire qui luy en est tombé entre mains.

Mósieur le Duc de Guyse, Lieutenát de Roy, auec
sa compagnie de cent hommes d'armes : Et les Seigneurs d'Antragues,de sainct Phale,& de sainct Luc,
Lieutenant, Enseigne,& Guydon d'icelle.

Mósieur le Prince de la Rochesuryon, auec sa cópagnie de quarante hómes d'armes: Et les Seigneurs
de Biron,de Guron, & de Montreud, Lieutenát, Enseigne,& Guydon d'icelle.

Le Seigneur Pierre Strozzi, Cheualier de l'ordre,
ayant auec luy vn nombre de personnages de bon
seruice.

La compagnie de Monsieur de Lorraine, de quaráte hommes d'armes: Et les Seigneurs de la Brosse,
de Lemont, & de Chastelet, Lieutenant,Enseigne,&
Guydon d'icelle.

Monsieur de Nemours, auec sa cópagnie de deux
cens cheuaulx legiers: Et le Seigneur Paule Baptiste
Fregoze son Lieutenant, le Seigneur de Pailiez son

Y.i.

Enseigne, apres la mort duquel, le filz du Conte du Lude la porta.

Le Seigneur de Gounor, Gouuerneur de la ville, auec sa cõpagnie de cent cheuaulx legiers: Et les Seigneurs de saincte Gẽme, & de Mebertin, Lieutenant & Enseigne d'icelle.

Le Conte de la Rochefoucault, auec sa cõpagnie de cẽt cheuaulx legiers : Et les Seigneurs de la Faye, & de Touchepres, Lieutenant & Enseigne d'icelle.

Le Seigneur de Rendan, auec sa compagnie de cent cheuaulx legiers: Et les Seigneurs de Mõtpha & de Fayoles, Lieutenant & Enseigne d'icelle.

Le Seigneur de Lanque, auec sa cõpagnie de cent harquebouziers a cheual, & le Cheualier de Lanque, & le ieune Lanque, Lieutenant & Enseigne d'icelle.

Bandes de gens de pied : Et premierement celles qui furẽt laissees dans Mets , quand le Roy marcha en Alemagne: scauoir des Capitaines

Haucourt.	Cauzere.	Pierre Longue.
Biques.	Verdun son frere.	Aboz.
Bahus.	Soley.	Sainct Houan.

Trois qui furent enuoyees apres que le Camp fut rompu, au retour de Haynault: des Capitaines

Gordan.	Ambres.	La Granche.

Sept enuoyees depuis, pour la garde de la uille, quãd Mõsieur de Guyse y arriua: scauoir des Capitaines

Glenay, qui fut depuis maistre de Camp, apres la mort du Capitaine Fauars.

Choqueuse.	Sainct Aubin.	Maugeron.

Sainct André.   Bethune.   La Mole.
Aultres quatre, que Monsieur le Connestable enuoya de-
puis: des Capitaines
Fauars, maistre de Camp. Laquelle, luy mort, fut bail
lee au ieune Cornay son Lieutenant.
Salcede.   Voguedemar.   Cantelou.

Commissaires ordinaires des viures dans Mets.
Les Seigneurs de Piepape & de Sainct Belin.

Commissaires de l'artillerie & gens experts au faict de
fortifications:
Le Seigneur de Sainct Remy, Le Seigneur d'Ortobie, Le Seigneur de Popincourt, Camille Marin.

Nombres des Princes, Seigneurs & Gentilshommes qui
vindrent pour leur plaisir au siege:

Messieurs d'Anguien.   Conte de Charny.
Prince de Condé.   Conte de Creance.
Grand Prieur de Frãce.   Conte de Nantueil.
Marquis d'Albeuf.   Les Seigneurs de Me-
De Montmorẽcy & Dã-   zieres.
uille freres.   Vidame d'Amiens.
Duc Horace Farnez.   De la Palice.
Vidame de Chartres.   De Montpesat.
Conte de Martigues, &   De Brosses & son frere.
Marquis de Bauge   De Creuecueur.
freres.   D'Ouarty.
Conte de Benon.   De Boysdaulfin.

De Canaples deux fre-
res.
De Rocofeuilh.
De Lucé.
De la Chappelle des vr-
sins.
De Rufec & son frere.
De Suse.
Du Lucey.
De Rochebaron de Bor
goigne.
De Clermont.
De Soubize.
De Dampierre.
Du Parroy.
Le Viconte du Môt no-
stre Dame.
De Nauailles.
De Silhy.
De la Roue.
De Rouuille.
De Tourcy.
De Bordeille deux fre-
res.
D'achon.
De Lorges.
De Duras.
De Mailly pere & filz.
De Verrigny.
De Bugueno.

De la Malheree.
De Maligny.
De Cayluz.
De Ioyeuse.
De Mortemar.
De Chatenieray.
De Gamaches.
De Sainct Supplice.
De Leuy.
De Cessac.
Le Viconte D'ochy.
De Amanzey.
D'ambres.
De Estree le ieune.
De Carrouge.
De Fosseuse.
De Estauges.
De Sombarnon.
De Sandricourt.
De la Rochechalez.
De Charluz le ieune.
De Matignon.
De Riberac.
De Malicorne.
De Clemont.
De Sainct Seuerin.
Le Baron de Tinteuille.
De Belenaue.
De Orbec.
De Senetayre.

De Montgey.
De Murat.
De Auradé.
Le Baron de Maignac.
De Fouion.
De la Curee.
De Nantoillet.
De Piepape.
De Sault le ieune.
De Monſalez.
De la Roche du Maine.
De ſainct Geniez.
De ſainct Stephe.

De Tranchelion.
De Argécè deux freres.
De Rotelin.
De Vitry.
De Beuilh.
De la Freté.
De Haraucourt.
De Bule.
Les enfans de Borbône.
De Teors.
De Harbouuille.
De Caubioz.
De Marigny.

Et autres pluſieurs gentilshommes, tant de la maiſon du Lieutenant du Roy, que des autres Princes & Seigneurs, deſquels leur nom n'eſtoit au memoire qui me fut baillé.

Nombre des Capitaines & autres gens de nom, qui ſont morts audict ſiege.

Les Seigneurs de la Pa-
    lice.
De Pailiez.
De Oradé.
De Marigny.
De Mompha.
De Cambioz.
Le Capitaine Vate.
L'enſeigne du Capitaine

Gordan.
L'enſeigne du Capitaine
    Soley.
Camille Marin.
De Boyſherpin.
De Eynerie.
De Fayoles.
De Fonterailles.
Dé Roquefeuilh.

L'enseigne du Capitai-
ne Glenay.
De la Roche chalez.
Le Baron de Treues.
De Fouion.
Le Capitaine Fauars, mai
stre de Camp.
De Harbouuille.
De Cornay l'aisné.
Le Baron de Tinteuille.
Le Capitaine Poledre
Italien.

Ensemble quelques hommes d'armes, cheuaulx
legiers & harquebouziers a cheual, qui ne sont
icy mentionnez. Et enuiron deux cens cinquã-
te soldats de toutes les bandes.

PAR DEVX LETTRES PATENTES DV ROY,
les premieres dōnees a ſainct Germain en Laye, le uingtſixieme iour de Feburier,
mil cinq œns cinquāte deux, ſignees ſur le repli, Par le Roy, maiſtre Iehan Dauā-
ſon, maiſtre des Requeſtes ordinaire de l'hoſtel, preſent, Du Thier: les ſecondes
donnees a Paris, le ſixieme iour de Iuing, mil cinq œns cinquāte trois, ſignees ſur
le repli, Par le Roy, maiſtre Iehā Iacques De meſmes, maiſtre des Requeſtes ordinaire de l'hoſtel, preſent, Mahieu: toutes deux ſeellees du grand ſeel dudict Seigneur ſur double queue.

Il eſt permis & octroyé a maiſtre Charles Eſtienne, ſon imprimeur ordinaire,
que nul autre que luy en œ Royaulme, pays, terres & ſeigneuries dudict Seigneur, puiſſe imprimer ne faire vmprimer, uendre ne debiter œ preſent liure,
intitulé, Le ſiege de Mets, en l'an M. D. LII. iuſques apres ſix ans finiz
& accompliz, a compter du iour & date du paracheuement d'iceluy, ſur peine
de confiſcation de la choſe, & d'amende arbitraire, applicable moitié audict
Seigneur, & moitié audict Eſtienne.

A laquelle fin, ledict Seigneur a uoulu & commande, que œ qui aura ainſi
eſté & ſera imprimé, contrefaict & mis en uente, ſoit ſaiſi & mis en ſa main:
& œulx qui auront œ faict, adiournez par deuant le Preuoſt de Paris, ou ſon
Lieutenant: auquel de la œrtaine ſciençe, propre monuement, plaine puiſſançe &
auctorité dudict Seigneur, eſt mandé proœder alencontre des deſobeiſſans, ſom-
mairement & de plain, a la declaration deſdictes confiſcation & amende arbitraire, ſans œ qu'aucuns autres iuges en puiſſent prendre Court, Iuriſdiction,
ne congnoiſſançe: laquelle leur eſt du tout interdicte & defendue.

Et oultre a ledict Seigneur declairé, que tant pour œſt oeuure & autres men
tionnez en ſeſdictes lettres, que autres que cy apres il permettra a ſon dict imprimeur ordinaire imprimer, mettant par luy en brief, au commençement ou a
la fin deſdicts oeuures, le contenu en ſeſdictes lettres au uray, ſur peine d'encou-
rir crime defaulx, il a uoulu & luy plaiſt, qu'elles ſoyent tenues pour ſuffiſam-
ment ſignifiees, & uenues a la congnoiſſançe de tous libraires & imprimeurs,
& ſoit œla de tel effect & uertu, que ſi ſeſdictes lettres meſmes leur auoyent
eſté expreſſeemēt & particulierement monſtrees & ſignifiees: Sauf ſ'ils ueulēt
pretēdre que moins contiēnent, que œ que ſon dict imprimeur aura mis, a en demander exhibitiō par deuāt ledict Preuoſt de Paris ou ſon Lieutenant, par luy,
ſeul & pour le tout, commis en œſte partie.

Et le tout, nonobſtans quelconques droicts, couſtumes, ſtatuts, edicts, ordonnan-
œs, eſtabliſſemens de ſes Cours & Iuriſdictiōs, reſtrictions, mandemens ou defen-
œs & lettres a œ contraires : a toutes leſquelles choſes ledict Seigneur a derogué
de ſa œrtaine ſciençe, propre monuement, plaine puiſſançe & autorité, ainſi qu'il
eſt plus a plain contenu & declairé es dictes lettres.